爸爸的高度，
决定孩子的起点

谈 旭◎著

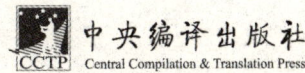

图书在版编目(CIP)数据

爸爸的高度,决定孩子的起点 / 谈旭著. — 北京:
中央编译出版社,2016.1
ISBN 978-7-5117-2866-1

Ⅰ.①爸… Ⅱ.①谈… Ⅲ.①家庭教育 Ⅳ.①G78

中国版本图书馆CIP数据核字(2015)第 278548 号

爸爸的高度,决定孩子的起点

出 版 人：	刘明清
出版统筹：	董 巍
策划编辑：	黄海明
责任编辑：	韩继海
责任印制：	尹 珺
出版发行：	中央编译出版社
地　　址：	北京市西城区车公庄大街乙 5 号鸿儒大厦 B 座(100044)
电　　话：	(010) 52612345(总编室)　(010) 52612313(编辑室)
	(010) 52612316(发行部)　(010) 52612317(网络销售)
	(010) 52612346(馆配部)　(010) 55626985(读者服务部)
传　　真：	(010) 66515838
经　　销：	全国新华书店
印　　刷：	北京建泰印刷有限公司
开　　本：	710 毫米×1000 毫米　1/16
字　　数：	150 千字
印　　张：	16
版　　次：	2016 年 1 月第 1 版第 1 次印刷
定　　价：	35.00 元
网　　址：	www.cctphome.com　邮　箱：cctp@cctphome.com
新浪微博：	@中央编译出版社　微　信：中央编译出版社(ID:cctphome)
淘宝店铺：	中央编译出版社直销店(http://shop108367160.taobao.com)　(010)52612349

本社常年法律顾问:北京嘉润律师事务所律师 李敬伟 问小牛
凡有印装质量问题,本社负责调换。电话:(010) 55626985

前言

Preface

①

在人类丰富而复杂的感情世界里，父爱同母爱一样，是一个很重要的因素，也是一种伟大而崇高的情感。没有父爱的家庭会严重地影响孩子的身心健康，失去父爱的孩子大多缺乏自信、意志薄弱，常表现出自卑的情感素质和性格特征。父爱是一种深沉、严肃的爱，父爱的眼里更多地考虑未来。

在孩子的成长过程中，父爱和母爱有着各自不同的影响作用。母爱可使子女身体和情感得到健康的发展，父爱的功能则表现在教会孩子怎样应付和解决他们遇到的各种人生问题，母爱代表着人性和关注社会生活情感方面，父爱则往往象征着关注事业、思想、秩序、冒险和奋斗，代表的是理性方面，其主要表现在对孩子成就感的培养上，孩子在学校的学习成绩和学习能力往往也与父亲有关，据有关机构调查表明，如果有一个好的父亲，则孩子在数学和阅读理解方面的能力就会比较高，在人际关系上会有安全感，自尊心也比较强，很容易与人相处。因此从某种意义上来说，父爱远远胜过母爱。所以孩子最理想的人格是同时兼具了父爱和母爱两方面的内容。

现在较为普遍的问题是，一些做父亲的往往忽视甚至放弃自己的教育责任，致使孩子所受的父性教育严重不足。这样的孩子容易形成所谓的"偏阴性格"，即脆弱、胆小、多愁善感、依赖性强、独立性差。所以,古人云："子不教,父之过。"

父亲应"亲临"教育第一线，这样才有利于培养孩子健康人格和自主能力,使孩子更好地适应现实世界和未来社会。

苏联教育学家苏霍姆林斯基有句教育名言："没有教不好的学生，只有不会教的教师。"同样,我们相信没有教不好的孩子,只有不会教的父亲。

"没有教不好"的孩子，这个"好"字该怎样理解呢？把孩子教"好"，并非单纯让孩子争得第一、获得奖赏、在某个领域出人头地，也不跟社会的财富、地位、名声有什么必然的联系。"好"孩子，就是把自己做到最好的方面教给孩子，把孩子"教好"，就是让孩子成为"最好的自己"，而不是非要让孩子成为爱因斯坦、变成比尔·盖茨。孩子只需要在今天比昨天进步一点，明天比今天多些进步就可以了。

教是一种主动实施的行为，也就是由父亲来引导学习和教育的行为。而"不教而教"就是指由孩子自主成长的一部分，通过放手和满足孩子正当的自然需要来达到让孩子成长的目的。

作为孩子的父亲，首先应该想法了解自己孩子的各项能力极限。刺激孩子的能力成长到孩子能到的最高程度，在纷纷扰扰的社会环境和欲望诱惑干扰下保持对自己孩子的客观认识和理解。然而，现实中大部分的父亲在实施对孩子的教育过程中，往往是按照自己对社会的理解和社会对未来成人的要求而进行的。也就是说，在教育孩子的时候，不是根据孩子的需要和孩子的发展来实施，而是根据家长自己的愿望来进行教育。

父亲要教育孩子，要了解孩子的需要，就要尝试回到自己的需求点上，我们也就要去了解自己的情绪。当孩子做了"错"事的时候，父亲可以为自己制造一个同样的处境来感受孩子的需求。应该相信，孩子即便是在做了错事的时候，他也是在努力地想把事情做好。不要把注意力放在孩子的负面行为上，而是要看到孩子行为后面的良好的动机，父亲要避免对孩子使用错误的方法指责，而是要帮助孩子找到正确的方法来达成自己的良好动机……

每位孩子的父亲，都要努力找到属于自己的而且是适合自己孩子的方法，那么教育就合理而有效。没必要刻意地去追寻道理，而要看到对自己孩子教育的效果。

本书选取了父亲教育方面的一些成功法则，告诉你应该如何教育孩子，做一个好父亲。全书从多个方面入手，如培养孩子的爱心、学习、自主、节俭、责任、挫折、交往、信念、意志等，认清孩子所面临的问题现状，并分析原因，提供培养教育的方法，为父亲教育孩子提供了一些诊断、指导意见，帮助父亲正确认识自己的角色，明确自己的责任，掌握教育的方法，打破以往错误的教育观念。

同时，也希望父亲们能适时地放下手中的工作，从孩子母亲的背后走出来，加入到共同养育子女的行列中。全书理论联系实际，通过案例的方式进行分析、阐述，突出实用性、经验性，也提供了教育的基本准则，希望对读者有所启发、有所裨益。

目 录

Contents

第一章　教养孩子，爸爸不是"甩手掌柜"	1
1. 再忙，都要抽出时间陪孩子	1
2. "父亲"也是终身职业	4
3. 家教，必须强化父亲的作用	9
4. 父爱要学会表达	12
5. 别让不良嗜好影响孩子	16
6. 以身垂范，做孩子的榜样	18
7. 给孩子营造和睦家庭	21

第二章　拒绝粗暴，"狼爸"不等于好爸爸	24
1. 教育孩子只能说服，不能"压服"	24
2. 讽刺挖苦比打骂更严重	28
3. 不用命令的语气	31
4. 别把个人意志强加给孩子	35
5. 尊重为先，教育在后	38
6. 不要"我是你爸爸"的威风	42
7. 赏识和尊重孩子的朋友	46

第三章 教子以德,别让孩子输在起跑线上 ········· 50

1. 引导孩子说真话 ··········· 50
2. 鼓励孩子知错必改 ··········· 53
3. 不要轻易给孩子许诺 ··········· 56
4. 爸爸错了,就要勇于承认 ··········· 60
5. 随时随地进行爱心教育 ··········· 64
6. 让孩子学会社交 ··········· 68
7. 文明礼貌是孩子的"身份证" ··········· 72

第四章 创造机会,鼓励孩子自强自立 ········· 76

1. 让孩子拥有自主选择权 ··········· 76
2. 责任是成长的第一步 ··········· 79
3. 做孩子眼中的"英雄" ··········· 83
4. 别让孩子把冷漠当坚强 ··········· 86
5. 让孩子学会自我保护 ··········· 91
6. 培养孩子的勇敢精神 ··········· 94
7. 孩子的事情让孩子自己去解决 ··········· 97

第五章 寓教于乐,激活孩子的创造力 ········· 101

1. 善于挖掘孩子兴趣 ··········· 101
2. 树立一个学习的榜样 ··········· 105
3. "提"升孩子的思维能力 ··········· 108
4. 鼓励孩子多动脑筋多动手 ··········· 111
5. 学会与孩子讨论问题 ··········· 114
6. 盲目请家教不可取 ··········· 117
7. 培养孩子的想象力 ··········· 120

第六章　善于沟通,好爸爸也是好朋友 ………………… **125**
 1. 批评之前,请先克制冲动 ……………………………… 125
 2. 就事论事,切勿借题发挥 ……………………………… 128
 3. 做孩子的知心朋友 ……………………………………… 130
 4. 让孩子从小掌握沟通技巧 ……………………………… 133
 5. 教孩子学会换位思考 …………………………………… 136
 6. 不明说,巧暗示 ………………………………………… 140
 7. 大人说话,孩子也有发表意见的权利 ………………… 142

第七章　培养孩子良好的行为习惯 ……………………… **147**
 1. 培养孩子遵守公共秩序的习惯 ………………………… 147
 2. 让孩子放弃"拼爹"的恶习 …………………………… 150
 3. 培养孩子勤俭节约的习惯 ……………………………… 153
 4. 制定劳逸结合的时间表 ………………………………… 157
 5. 善于自省才能完善自己 ………………………………… 159
 6. 为孩子设定合理的目标 ………………………………… 165
 7. 习惯养得好,终生受其益 ……………………………… 168

第八章　培养孩子良好的心理素质 ……………………… **175**
 1. 让每个孩子都"抬起头走路" ………………………… 175
 2. 让孩子拥有一颗宽容的心 ……………………………… 179
 3. 帮助孩子克服嫉妒心 …………………………………… 183
 4. 有教养的孩子懂得忍让 ………………………………… 186
 5. 放弃猜疑,大度的孩子受欢迎 ………………………… 191
 6. 让孩子懂得遇事不要斤斤计较 ………………………… 194
 7. 要学会欣赏他人 ………………………………………… 198

第九章　培养孩子坚强的意志力 …… **203**

1. 强化孩子的心理承受能力 …… 203
2. 因为懂得，所以勇敢 …… 207
3. 爸爸信任，孩子才勇敢 …… 210
4. 把失败的权利还给孩子 …… 214
5. 舍得放手，给孩子独立的机会 …… 217
6. 鼓励孩子学会坚持 …… 220
7. 世上没有什么"不可能" …… 225

第十章　名人家训：好爸爸胜过好老师 …… **231**

1. 古代名人别出心裁的教子课 …… 231
2. 世界巨富的教子秘笈 …… 234
3. 名人教子中的"另类惩罚" …… 236
4. 美国四大总统的教子秘诀 …… 240
5. 英国绅士的教子秘诀 …… 242
6. 犹太人的教子秘诀 …… 243

第一章

教养孩子,爸爸不是"甩手掌柜"

1. 再忙,都要抽出时间陪孩子

有这样一个故事:

一个四五岁的小女孩问:"妈妈,我是您生的吗?"母亲回答说:"当然是呀,我的宝贝儿!"小女孩又问:"那我哥哥是谁生的呢?"母亲笑着说:"傻孩子,你哥哥当然也是我生的呀!"小女孩有点不懂了,她眨眨明亮的大眼睛,有点失望地说:"连哥哥也是妈妈生的,那要爸爸还有什么用呢?"

这看起来像是个小笑话,可却反映了孩子对父亲作用的质疑。

孩子出生后,生长的环境首先就是家庭,而父母就是孩子义不容辞的第一任老师。其实,父亲和母亲对孩子的成长有着同等重要的作用。从某种意义上来说,父亲的作用可能比母亲更大。但在现实生活中,能有多少父亲尽到了自己的教育责任呢?

如今,大多数家庭中的爸爸都忙于工作,照顾家庭和教育孩子的任务大多就落在了妈妈的身上,爸爸在教育孩子中的角色意义也逐渐被淡化。工作忙、压力大、没时间等理由,也成为爸爸们忽视教育孩子的主要借口。

事实上,在孩子的成长过程中,爸爸的作用同样重要,孩子可以在父爱中体验着与妈妈风格不同的另一个多彩世界。就像鸟儿起飞需要两个翅膀一样,母爱和父爱对孩子的健康成长缺一不可。如果爸爸在孩子成长过程中只做"甩手掌柜",不仅使孩子缺乏父爱,还容易导致孩子的个性偏向母系群体,对孩子的身心健康产生不利影响。

因此,作为爸爸,不论多忙都要抽出时间陪陪孩子,倾听他们的苦恼,分享他们的快乐,陪他们玩耍,并在交流中适时教育,帮助孩子形成完整的个性人格。

李竞最近的学习不太用功,成绩也下降了,妈妈的话也不听。一天,妈妈和爸爸说了李竞最近的情况,爸爸说:"我最近太忙了,孩子教育的事你自己看着办吧,觉得怎么合适就怎么管。"

几天后,爸爸陪李竞去学校开家长会,老师特意和李竞爸爸反映了李竞最近的表现,称李竞最近状态特别不好,和同学间也经常闹矛盾,希望爸爸不要总以忙为借口,应多抽时间与孩子交流,否则会影响孩子的健康成长。这让李竞的爸爸感到惭愧,这些日子他白天忙公司新品推广的事,晚上还要参加培训班,的确忽略了对孩子的关心。那天回家后,爸爸放下手头的工作陪李竞一起做作业,一起做游戏。后来李竞对爸爸说,最近学校有同学欺负他,他不知该怎么办,很想听听爸爸的意见,可爸爸总是忙,没时间管自己。他为此才闷闷不乐的。

近年来,一些有关父亲的调查数据让人担忧:五成父亲很少陪孩子;三成父亲与家人共餐的次数每天不到一次。七成孩子上学放学是由妈妈或保姆来接;五成孩子在家大部分时间是与妈妈或祖父母一起度过;两成左右的孩子几乎一天到晚都见不到爸爸。教育孩子不是妈妈一个人的责任,身为爸爸,更有责任积极主动地陪伴孩子、关心孩子、教育孩子。这样才不会导致孩子缺少父爱,才不会导致爸爸与孩子之间的感情出现问题。

孩子不仅是妻子的,也是自己的,那么就应承担起教养孩子的责任,不能把教育孩子、关爱孩子的责任全部推给妈妈,自己做个"甩手掌柜"。很多爸爸之所以总以工作忙为借口,忽略对孩子的关心,很大的原因在于他们缺乏家教责任意识。

所以,爸爸们要认识到自己在教育孩子方面的重要作用,努力在精神世界里给孩子关爱,世界卫生组织研究表明:平均每天能与爸爸相处两小时以上的孩子,要比其他孩子更聪明,男孩子也更像男子汉,女孩子长大后也更懂得如何与男性交往。相反,孩子成长过程中如果缺少爸爸的参与,男孩子容易变得女性化,女孩子则容易依恋年长的男性,或者戒备、不信任男性。因此,爸爸们有必要增加与孩子共处的时间,多陪孩子一起学习、游戏,帮助孩子建立正确的人生观和价值观。

其实孩子对爸爸的要求并不高,只要爸爸在他身边经常关注他、陪伴他、正确引导他就可以了。一句简短的鼓励,一句真诚的赞美,一个有趣的故事,就让孩子感到快乐和满足。既然如此,与其将大把的时间用于工作,希望获得更多的成果,不如抽出一点工作时间陪伴孩子、关爱孩子,这样获得的成果才更大,也更有长远意义。

尽管爸爸和妈妈对孩子成长产生的影响不同,但爸爸与妈妈一样承担着教养孩子的责任。爸爸的言行举止,都会潜移默化地影响着孩子,对孩子的成长起着独特作用。因此,要想让孩子拥有健康的身心,爸爸就必须摈弃做"甩手掌柜"的思想和行为,真正融入到孩子的生活当中,多与孩子在一起,引导孩子健康成长。

2. "父亲"也是终身职业

我们的孩子现在受到母性教育已经够多了,婴儿时多是母亲喂养、照料;上幼儿园几乎全是女老师的教育;小学、中学阶段基本上也是以女老师教育为主;如果在家里父亲再放弃教育的责任,孩子从小到大都受到一系列女性教育,在性格和心理方面就容易引发一些问题。

缺少男性教育,孩子的性格、情感、意志、思维方式等都会受到一定的影响。

有个男孩胆子特别小,上课不敢举手回答问题,即使回答声音也像蚊子似的,学习成绩总是上不去。老师调查后发现,原来在家里孩子总是跟着母亲,母亲胆子很小,总怕孩子碰伤,因此对孩子"包着抱着",孩子也就变得内向、胆小。针对这一情况,老师建议让父亲多和孩子接触,在家里以父亲的教育为主。于是,父亲便常常带着孩子一起爬山、划船,他那不畏艰险的精神和博大的胸怀陶冶了孩子的性格。结果,孩子胆子越来越大,上课积极举手回答问题,学习成绩也直线上升。

我们并不否认女性教育的重要性，母亲以女性特有的感情细腻、做事认真仔细、性格温柔去影响孩子，通过讲故事、教唱歌、玩玩具等给了孩子很多的关怀与呵护，这是功不可没的。然而，缺乏男性教育往往会使孩子表现出多愁善感、性格懦弱、胆小怕事以及性格孤僻、自卑等特点。男性教育恰恰弥补了这些不足。男性的特点往往是坚韧、大胆、果断、自信、豪爽、独立，这些对于女性来说略显薄弱，这就显示出了男性教育所不能替代的作用。

虽然母亲在尽全力培养孩子，但因为父爱的缺失，孩子往往会感受不到父亲的存在和关爱。这样，孩子的个性、人格等就很难得到全面的发展。正如美国著名儿童心理学家所说："失去父爱是人类感情发展的一种缺陷和不平衡。"所以，每一位父亲都应该用爱、关怀和良好的情绪去感染孩子，让自己的言行举止去影响孩子。

有这样一位父亲，他曾是某中学校长，因为工作能力强，成绩突出，后来被广东一所重点中学聘为校长。于是，他带着激情南下创业。他想，儿子在广东这所新学校的学习环境会更好，就把儿子也带到了这所学校。

他把儿子安排妥当后，就全身心投入新的事业而无暇照顾孩子了。结果，儿子在陌生环境中不能适应，而且又十分想念妈妈，更加不能安心学习，成绩直线下降，最终孩子不得不辍学。这时，这位父亲才后悔不迭。尽管，他来广东后事业有了长足的发展，可一想到儿子，他就痛苦不已。在他看来，这是自己最大的失败。

曾看过这样一项调查：在你成长的过程中，谁承担了更多教育责任？结果显示：46.9%的人说是"母亲"，28.7%的人说是"父母均担"，13.0%的人说是"父亲"，11.4%的人说是"父母之外的其他人。"可见，在很多人的成长中,是没有得到父亲更多的亲身教育培养的。当然,从中也就可以发现,是没有多少父亲把"父亲"当成终身职业的。

其实,古代非常重视父亲教育的地位和作用。古人用"良知好向孩提看,天下无如父子亲"描述父子关系的亲密程度,并给父亲的责任定义了一个字——教,认为"父者何谓也？父者,矩也,以法度教子"、"父当以教为事",也就是要求父亲教好孩子,使他的行为规范,合乎社会的要求。如果父亲不教子,会被指责未尽"父兄之责",这是在强调父亲在教育孩子上所担当的责任,而"有其父必有其子"则强调父亲的言行对孩子的巨大影响。

进入20世纪,由于受家庭分工观念等诸多因素影响,父亲的职责渐渐锁定了在家外,对孩子的教育职责渐渐在家庭中隐退。因为父亲很少有时间和孩子在一起,父亲在孩子心中自然不会占太大位置。令人高兴的是,近十几年,有人开始关注父亲参与家庭教育的话题。另外,从美国、德国、加拿大等西方国家也传来一些关于父亲教育的思想,比如,在美国,父亲分担照顾、教育孩子的职责成为一种时尚。这已经开始影响国人的教育意识。

虽然工作很重要,事业很重要,但当您被赋予了父亲的责任时,还有什么比培育孩子成人更重要的事情呢？怎样爱孩子,怎样教育孩子,是每位父亲需要学习的课程。从您做父亲那一天起,"父亲"就是你的终身职业了。所以,任何时候我们都不应该忘记:我是父亲!

下面让我们来充分认识父亲教育在孩子生活中的影响力。

父亲是孩子游戏的重要伙伴

在家庭交往中,相对于把更多时间花费在照料孩子生活上的母亲,父亲更多的是与孩子一起游戏。父亲用触觉、肢体运动的游戏把孩子举得高高的,来回悠,或往下扔。这些大动作、激烈的身体游戏使孩子快乐地咯咯大笑。

心理学家发现,孩子在头3年内与父母形成不同的关系类型,痛苦时,他更多地到母亲那儿去寻求安慰;而想玩时,则更多地会想到父亲。孩子在散步、游戏时,喜欢和父亲在一起。20个月时,父亲就成为孩子的基本游戏伙伴;30个月时,则成为更主要的游戏伙伴。20个月的婴儿对父亲发起的社会交往游戏明显地感兴趣,反应积极。30个月的婴儿能兴奋、激动、投入、亲近、合作而有兴致地和父亲一起游戏,他们会把父亲作为第一游戏伙伴来选择。

父亲是孩子形成积极个性品质的重要源泉

现代社会,良好的女性特征得到社会的推崇,即会关心人、体贴人,有良好的同情心、善意;而良好的男性特征,即独立、自主、坚强、果断、自信、与人合作、有进取心等也是社会对人的要求。

父亲对孩子良好个性品质的形成具有极大的促进作用,是孩子良好个性品质的重要源泉。父亲通常具有独立、自信、自主、坚毅、勇敢、果断、坚强、敢于冒险、勇于克服困难、富有进取心、富有合作精神、热情、外向、开朗、大方、宽厚等个性特征。孩子在与父亲的不断交往、相互作用中,一方面接受影响并且不知不觉地学习、模仿;另一方面,父亲也自觉、不自觉地要求孩子具有以上特征。如果孩子在5岁前失去父亲,对他的个性发展会非常不利。孩子年龄越小,影响越大。没有父亲的孩子会缺少克服困难的勇气,具有较多的依赖性,缺乏自信、进取心,同时在冲动的控制和道德品质发展等方面也受到削弱。

父亲是孩子社交技能提高的重要源泉

父亲参与孩子的教养、与孩子交往对孩子社交需要的满足、社交技能的提高也具有极其重要的作用。

母亲由于家务负担重、性格等原因,没有像父亲那样有那么多闲暇和机会去进行社会交往。而随着孩子长大,学会说话、走路、独立性、生活自理能力的增强,与外界交往需要也日益增多,要求扩大交往范围与内容,不再满足于以往的交往方式与圈子，因此父亲成为孩子重要的游戏伙伴，扩大了孩子的社交范围，丰富了孩子的社交内容，满足了孩子的社交需要。同时，父亲和孩子的交往使孩子掌握更多、更丰富的社交经验，掌握更多、更成熟的社交技能。当孩子在和父亲的游戏中反应积极、活跃时，在和同伴的交往中也较受欢迎。因为父亲影响了他的交往态度，使他喜欢交往，在交往中更加积极、主动、自信、活跃。

父亲在与孩子的交往游戏中，较多采用平行、平等的形式，采取积极、鼓励的态度，较少自上而下的直接教导，给孩子更多的操纵、掌握交往过程的机会，这有助于孩子学会更多的社交技能，特别是如何注意、识别、正确理解他人的情感、社会信号，学会运用、调整自己的行为反应，并且以此影响他人的行为。

父亲是孩子性别角色正常发展的重要源泉

在儿童性别角色发展中，父母都起着一定的作用，但是父亲的作用似乎更大一些；尤其对男孩，作用、影响更大。婴儿期父爱缺失，对男孩性别角色发展不利，影响尤其大。但同时，女孩性别角色行为也受影响。

父亲积极地和孩子交往，有助于孩子对男性、女性的作用与态度有一个积极、适当而灵活的理解。研究表明，男孩在4岁前失去父亲，会使他们缺乏攻击性，在性别角色中倾向于女性化的表现——喜欢非身体性的、非竞赛性的活动，如看书、看电视、听故事、猜谜语等。女孩性别角色的发展也受到父亲的影响。女孩在5岁前失去父亲，在青春期与男孩交往时往往会表现得焦虑、不确定、羞怯或者无所适从。

父亲是孩子认知发展的重要源泉

由于父亲性格、能力等的独特特点，特别是父亲与孩子在交往上的独特性，使孩子从母亲和父亲处得到的认知上的收获是不完全相同的。从母亲那儿，孩子可以更多学到语言、日常生活知识、物体用途、玩具的一般使用方法。但从父亲那儿，则可以学到更丰富、广阔的知识，更广泛地认识自然、社会,并通过操作、探索、变换多样的活动、玩法,使儿童逐步培养起动手操作能力、探索精神,刺激、丰富孩子的想象力,培养孩子动脑、创造意识,引发孩子旺盛的求知欲和好奇心。这对孩子的认知发展都是十分重要的。父亲较多地参与和孩子的交往,能日益提高孩子的认知技能、成功动机和对自己能力、操作的自信心。

3. 家教,必须强化父亲的作用

据美国耶鲁大学科研人员的一项研究成果表明:由男性带大的孩子智商高,他们在学校里的成绩往往更好,将来走向社会也更容易成功。这项调查是他们持续了12年,从婴儿到十几岁的孩子各个年龄段进行跟踪调查所得出的结果。在家庭教育中,父母各有优势,必须做到阴阳互补、平衡,防止出现"阴盛阳衰"的现象。

有一个有趣的现象,做家庭教育咨询来访者基本都是母亲,这就说明,在教育子女这个问题上可能出现了"阴盛阳衰"的现象。在中国的家庭教育中以母亲为主的占50%,以父亲为主的占20%,平分秋色的占30%。当问及一些父亲淡出家庭教育的原因时,有的答:工作太忙,没时间管孩子;有的说:脾气不好,没法跟孩子生那个气……看来好像都有理由,其实他们忘记了古训"养不教,父之过"。

作为父亲,放弃教育子女的责任是一个极大的错误。

以"父亲"为终身职业的蔡笑晚说:"对于男人来说,做父亲也应该是事业的一部分。"年近70岁的他有6个孩子,他以当父亲为事业,而且把这个事业做得很精彩。他的孩子,一个是中国科技大学硕士,另外5个是美国博士,每个人都很有成就。为此,蔡笑晚还写了一本畅销书《我的事业是父亲》。

现在,蔡笑晚在全国各地讲课,课程内容就是如何做父亲。他说:"教育不能靠运气,我的经验并非不可复制。我的三个关键词:早期教育、培养励志、自学能力,都可以复制。"

因此,专家主张家庭教育中必须强化父亲的作用。

从教育的方式上看,父亲的教育往往具有以下一些特点和优点:

(1)男性倾向于自立,因此会教育孩子也要自立。父亲往往不是对孩子包办代替,而是鼓励孩子独立处理问题,因此对孩子溺爱的成分就比较少。有时孩子摔倒,并没有哭,可是母亲却赶紧跑过去把孩子扶起来,又是拍土,又是揉,硬是把孩子的眼泪揉出来了。而父亲往往不是这样,他们会说:"走路怎么不注意?站起来,往前走,我相信这次一定会走好。"孩子并没有哭,而是站起来就往前走,这样有助于培养孩子的自信。

(2)男性的动手能力比较强。让孩子劳动不只是扫地、擦桌子,而是和孩子一起用锤子、刀子等工具去修理东西,制作玩具,培养了孩子多方面的动手能力。

另外,男性爱运动,喜欢带孩子去跑步、游泳、攀岩、打球,这无形中就锻炼了孩子的意志力。

(3)男性喜欢冒险,因此父亲对孩子的冒险行为也会适当给以鼓励。如果孩子从高台阶往下跳,母亲往往会严厉批评,可是父亲就不是这样,他会伸出大拇指,对孩子说:"真棒!"

男性的探索精神也比较强,和孩子在一起往往会搞些探索性的活动。如果孩子把玩具拆开,母亲往往会骂他一顿。而父亲却常常不以为然,甚至会和孩子一起拆玩具,满足孩子的好奇心,然后再教他把玩具装好。另外,父亲对新生事物比较感兴趣,这也会激发孩子对新事物的兴趣。

(4)男性不像女性那样爱干净,因此对孩子玩泥土、挖沙子往往抱支持态度。英国科学家发现,孩子太干净对身体并不好,他们的研究结论是"脏"孩子更健康。这是因为人如果太干净,很少接触细菌和病毒,体内无法产生抗体,一旦有大量病菌侵入就会被打倒,因此"一尘不染"对孩子成长并不是好事。这样看来男性对孩子卫生问题的宽松态度反而有助于孩子的成长。

(5)相对女性来说,男性比较喜欢劣性刺激,如困难、饥饿、劳累等,认为这些是人生必有的经历,孩子碰到这些困难没有什么了不起,应该让他自己去克服。这样的劣性刺激对孩子的成长十分有利。

(6)男性一般比较爱下棋。常常和孩子在一起下跳棋、军棋、象棋、围棋,可以培养孩子的逻辑思维能力。

实践证明,日常生活小事上孩子往往依赖于母亲,但是在生活的关键时期、重大问题上则依赖于父亲。母亲与孩子的谈话往往是细致的,而父亲与孩子的谈话则具有哲理性。在孩子的心目中母亲是水,父亲是山,山水相依,缺一不可。因此,教育孩子时,父母都应该负起自己的责任,但在时间上又各有侧重:在孩子小时,母亲应该多负些责任,因为这时候孩子需要细心的照料;孩子长大以后,父亲应该多教育,这是因为孩子大了心理特点有变化,照顾过细,他反而会反感。

无论怎么说,父亲在教育孩子的问题上不能撒手不管,一定要负起自己应有的教育子女的责任,做一个称职的爸爸。以下一些准则有助于做父亲的实现这个目标:

(1)将尽可能多的时间留给孩子。在不改变生活规律和不占用正常工作时间的情况下,尽可能地多和孩子在一起,安排好孩子的生活和学习。

(2)不要让孩子去圆爸爸自己的梦。许多父亲希望并强迫子女去实现自己梦寐以求的理想,孩子们很反感,而且苦不堪言。父亲应该支持并鼓励孩子走适合自己的道路。

(3)帮助妻子就是对孩子的爱。大多情况下,在家务和养育孩子方面妻子比丈夫付出得多,现时代的父亲应自觉地帮助妻子,这样不但会赢得孩子的尊敬,而且会使夫妻有更多的时间和精力抚养教育孩子。

(4)与妻子共同研究培养孩子。教育和培养是夫妻共同的责任,父亲不可一个人说了算,夫妻经常协商才能防止偏差,并取得最佳效果。

(5)陪孩子度童年。父亲要经常带孩子去动物园、游乐场,或和孩子一起玩玩具、做游戏,这些活动对成人来讲可能没有兴趣,但对孩子的成长是必不可少的。

(6)表达出父爱。父亲应该用各种方式表达和传递父爱,使孩子经常感到父亲的爱和关心。

4. 父爱要学会表达

父爱是需要表达的,所以每一位父亲都不应该掩饰对孩子的爱,要学会表达。如果父亲有良好的表达爱孩子的习惯,孩子就会感受到父亲那伟大的爱,他也会成为一个善于表达爱,乐于表达爱的人,更会把这种好的习惯,好的性情带给他的生活、学习以及未来的事业和家庭,从而给他的人生增添几分幸福的保障。

孩子很淘气,看到父亲买来一个新的大衣柜,他的好奇之心油然而生,想研究一下那个柜子。他东搞搞、西弄弄,发现没什么意思,就想离开。突然,他一抬头看到柜子顶上有一个漂亮的盒子。他心想,那里面一定装了什么好东西,是好吃的,还是好玩的?

在破解谜底的力量的驱使下,他想爬上去看看。于是,他蹬着柜门,踩着抽屉,抓着柜角,爬呀爬……终于爬到了柜子顶上。他心满意足地把盒子拿过来,打开后发现盒子竟然是空的。他有点生气了,一个空盒子,害得自己费半天劲爬上来。他正想下去的时候,才发现柜子实在太高了,他的手脚都软了,浑身有点发抖。

就在这时,爸爸回来了。孩子赶紧求救:"爸爸,我下不来了……"

爸爸看孩子爬得那么高,脸上还露出惊恐的表情,他不动声色地说:"孩子,你是怎么上去的?"

"爬上来的。"孩子怯怯地回答。

"既然你能爬上去,就能下来。不要一遇到困难就向爸爸求救,而要想办法自己解决。爸爸相信你,你一定能下来的,爸爸不离开,就在旁边看着。"爸爸说。

孩子想,自己总不能一直待在柜子上。无奈之下,他真还一步步地爬了下来。接着,爸爸走上去,给了孩子一个拥抱,说:"爸爸就知道你能下来,你是好样的!"

不可否认,爸爸并没有掩饰对孩子的爱,因为他对孩子有鼓励,有拥抱,还有爱的话语。所以,他自然是个好爸爸,而孩子也能感受到父亲的这种爱。

相信,每一位父亲对孩子肯定是有爱的,这一点每个人都很清楚,可能孩子并不真明白,但这都不会阻止您对孩子的爱。不过,我们一方面要学会给孩子传递有理智的爱,另一方面也不要刻意去掩饰自己对孩子的爱,要勇于去表达,这样,孩子就会感受到您对他的爱是多么的深沉与伟大。

把孩子带到这个世界上,"父亲"的角色就赋予了我们很多的责任与义务。尽一位爸爸的所能去爱孩子,抚育孩子,不仅仅是母亲的事情,更需要每一位父亲去思考,去实施……

建议一:把对孩子的爱表现出来

作为父亲,也应该有像母亲一样的铁骨柔情,其实,孩子也需要这样的父爱。只是,有时候因为我们的偏见,总是把做父亲的爱掩盖得严严实实。这对孩子来说,可能是感受不到您的爱的。所以,每一位做父亲的,都应该放松一点,把对孩子的爱表现出来。一旦您这样做了,您将会发现,自己与孩子的关系会与以前大不一样。

建议二:在生活的点滴中爱孩子

孩子早晨晚起时,父亲也可以催促他;孩子上学前,父亲也可以叮咛他;孩子晚上做作业时,父亲也可以陪伴他;孩子被评为"三好学生",父亲也可以赞扬他,与他一起分享喜悦;孩子考试成绩不理想时,父亲也可以给他鼓励和帮助……

在生活的点滴中,我们都可以表现对孩子的爱。这样,孩子会因为父亲的爱而乐以忘忧。在孩子眼里,这样的父亲就像神的化身,而父亲的爱就似神的光芒,让他陶醉其中。

建议三:与孩子一起做亲子游戏

孩子没有游戏,就等于没有童年,因为玩游戏是最适合孩子认知和娱乐的方式,而玩游戏的过程就是孩子学习和成长的过程,能在孩子心中种下创造和幸福的种子。孩子玩游戏是需要伙伴的,对孩子来说,父亲是最合适、最有魅力的游戏伙伴。在玩游戏的过程中,父亲与孩子之间的关系会融洽许多,孩子会从中感受到父亲对他的爱,而父亲与孩子一起玩游戏,也会感觉这是人生的幸福时刻。

建议四:不吝啬表达对孩子的爱

父亲要知道,爱是教育孩子的润滑剂,所以,请不要吝啬对孩子说"孩子,爸爸爱你!"可能口头表达这几个字有点难为情,但也应该尝试去说。也许就是这样一句话,就能拉近自己与孩子的心理距离。当然,您也可以通过其他方式表达您对孩子的爱,比如,睡前给孩子一个拥抱,或是吻一下孩子的额头,或婉转地告诉他:"孩子,与你在一起,爸爸真开心。"

作为父亲,不要掩饰对孩子的爱,否则,孩子会感觉不到父亲也是爱他的。当然,这就会影响父子之间的和谐关系。父亲要爱孩子,也要让孩子知道您是爱他的。这样,会增加孩子的自信心和做事的动力。所以,请父亲们将自己对孩子的爱毫不掩饰地表达出来吧!

教育专家指出,父母爱孩子一般有五种方式:

(1)身体接触

身体接触是最易于使用的爱的语言:常被人拉着、拥抱和亲吻的孩子,比那些被人长期甩在一边且无人碰触的孩子容易发展出健全的感情生活。

(2)言辞肯定

作为孩子,再也没有比听到父母在口头上肯定的话,更能使他们感受到被爱了。每个父母都应该每天对孩子说几句夸奖和赞美的话,即使觉得自己掌握不好夸奖的尺度,那最起码也要做到不再挖苦、数落、讽刺孩子。

(3)时刻关注

时刻关注就是给予孩子全心的关注。这种关注向孩子传达的信息是:孩子你很重要,我喜欢跟你在一起。这会使孩子觉得他对父母来说是世界上最重要的人。他觉得真正被爱,因为他完全单独拥有父母。

(4)赠送礼物

赠送礼物是表达爱的有力方式。在赠送礼物的时候,效果常常会延续到好几年以后。最有意义的礼物会变成爱的象征,而那些真正传达爱的礼物,则是爱之语的一部分。赠送孩子的所有礼物,最终都会成为展示父母的爱的东西。

(5)行动支持

父母对孩子的行动支持,不仅是对孩子表达爱的一种方式,还是给孩子以身作则的人生示范。父母为孩子所做的服务行动,最高目的在于帮助他们成为成熟的人,并学会借由服务的行动去爱别人。而服务不单包括帮助自己爱的人,也要服侍那些根本无法回报或偿还这些慈爱的人。

父母的爱是无私的,但并不是每一个子女都能感受到的。有的父母害怕娇惯孩子,就采取一种很严格的方法对待孩子。孩子处于负面阴影之下。这样的结果,常常会引起孩子自尊心的缺失。自尊心是一种很难培养的德行,而独有爱可以为之。

父亲的爱要向孩子表达出来,这样做有助于培养孩子美好的心灵和铸就高尚、完善的人格。

5. 别让不良嗜好影响孩子

很多父亲对孩子的关爱程度会让人肃然起敬,但是,这些父亲却忽略了一些自身的问题,比如吸烟、酗酒、玩牌、赌博、玩网游等。

有一位父亲特别爱喝酒,几乎每天都要去小酒馆喝两杯,喝完就醉醺醺地回家,躺倒就睡。

有一天,外面下着雪,这位父亲又想去外边喝两杯,当他走在去往小酒馆的路上时,隐约听到后面有响声,一开始他并没有在意,就要快到小酒馆的时候,这位父亲回头看了看,原来是他的儿子正跟在他后面,而且是踏着他的脚印往前走。

看到这个场景,这位父亲一下子醒悟了,儿子在走他走过的路,他的目的地是酒馆,那儿子也一定会走进酒馆。他不敢往下想了。他突然明白,他所有的行为都正在影响着小小的孩子。

于是,他定了定,回过头,走向孩子说:"儿子,咱们回家吧!"孩子说:"爸爸今天不去喝酒了吗?"这位父亲说:"爸爸以后再也不喝酒了。"从此,在那个酒馆里,再也没有见到这位父亲的身影。

父亲一旦沉溺于不良嗜好中,就会无暇照顾和关心孩子的日常生活,也就不会主动跟孩子交流思想感情,从而让孩子在成长过程中得不到足够的父爱,进而导致孩子产生心理和行为问题。

所以,为了孩子,也为了自己和家庭,请沉溺于不良嗜好的父亲们醒一醒,下决心从不良嗜好中走出来,别让自己的嗜好再潜移默化地对自己的孩子产生不良影响了。

孩子的模仿力是相当强的,他的成长十分需要好的榜样,而最好的榜样就是父亲。俗话说:"龙生龙,凤生凤,老鼠的儿子会打洞。"这不是没有道理的。如果父亲整天游手好闲,得过且过,那孩子也会如此,不会比父亲好到哪里去,甚至有过之而无不及。所以,这样的父亲想指望孩子有一天能出人头地,说得不客气一点,无异于痴人说梦。

所以,父亲应该给孩子做好成长的榜样。这样,父亲在孩子心中就会有威信,对孩子的说教也会管用,孩子能听进去。父亲的行为习惯好了,孩子也会养成良好的习惯。

一位父亲是个十足的瘾君子,白天在公司抽烟很厉害,晚上回到家也照抽不误。后来,他的儿子出生了,妻子提醒他不要抽烟了,对身体也不好,还影响儿子的健康。结果,仍然没有多大的效果,而且,这位父亲还一脸的无奈。可能,像这样的父亲也不在少数吧。

还有一位父亲,晚上经常陪孩子写作业,但是他却是烟不离口,结果每次都把孩子呛得够受。当家访的老师看到这个情景后,就对他说:"你的孩子学习不太好,有两方面的原因:一是你这个父亲没有太尽责,二是你经常抽烟,严重地影响了孩子。我还了解到,孩子也曾偷偷抽烟。您想,父亲改不了不良嗜好,孩子能从中学到什么呢?"

要想做个好父亲,想改掉自己的不良嗜好,先从戒烟、限酒开始,再慢慢过渡到其他不良嗜好上。要对自己狠一点,才是真正对自己好,对孩子好。

俗话说,教儿教女先教己。父亲在履行自己职责的过程中,应该时常审视自己的行为,看是否有新的不良嗜好诞生。在发现问题后,一定要及时去改正,千万不要懒,不要拖。这样,父亲才能真正做到以身作则,才能真正言传身教,让自己对孩子发挥最大的正面影响力。

6. 以身垂范,做孩子的榜样

俄国伟大的文学家托尔斯泰说:"教育孩子的实质在于教育自己,而自我教育则是父母影响孩子最有力的方法。"

父亲作为孩子最早的启蒙教育者,对孩子的教育影响也最深远。父亲

若想成功地教育自己的子女,必须以身垂范,做孩子的榜样。父亲给孩子做榜样,一般要把握下面三个原则:

(1)父亲要以身作则

父亲榜样作为一种具体的形象具有强烈的暗示和感染力量。父亲不仅是一种权威,而且是孩子言行举止标准的提供者,父亲的表现在很多情况下成为孩子的参照。父亲要使孩子的言行有所遵循,切不可言行不一。言行相悖比对孩子放任自流效果更坏。古人云:"以教人者教己。"要求在孩子身上形成的品质和良好习惯,父亲都应具备。

(2)父亲要以身示教

在家庭教育中,父亲经常会对孩子说应该这样做,不应该那样做来规范孩子的言行。可是这种空洞的说教所起的作用往往微乎其微。父亲的一言一行,一举一动,孩子都会看在眼里对父亲产生崇敬,并以父亲为榜样模仿效法。在日常生活中,父亲要谨言慎行,以身示教,凡是要求孩子做到的,自己首先必须做到。

(3)父亲要说话算数

父亲一旦答应了孩子的事一定要兑现,兑现有困难的事不要轻易许诺。如果父亲经常言出不行,说话不算话,就会降低在孩子心目中的可信度,孩子对父亲的崇信、敬仰与爱戴,就会由于失信次数而递减。再者,如果做父亲的经常说话不算话,孩子也会下意识地效仿,对自己说出的话不负责任,便会成为他的一种不良习惯。

爸爸的文化素质应该包括如下几个方面:

(1)思想和道德方面的修养

父母思想和品德的各个方面,都会给孩子以深刻的影响。父母们都希望自己的孩子是个有理想的有用人才,这个愿望无疑是很好的。但是实现这一良好愿望,爸爸本身就要加强自己的思想道德修养。首先要规范自己的言行,时时处处以高尚的道德情操创造和培育自己家庭的良好风气,并且身体力行,做孩子的表率。

(2)科学文化知识面的素质

孩子的智力正在发展成长中,对周围的一切都感到新鲜。他们对父母会提出许许多多的"是什么"和"为什么"。在这些"是什么"和"为什么"中,包含着求知欲,孕育着智慧。爱因斯坦说:"我的思想的发展在某种意义上常常来源于好心。"爸爸在孩子提问后,能否给予正确的回答,因势利导地给孩子以启发,促进其智力的发展,这全取决于孩子父母的知识水平。因此,爸爸应多读些自然科学和社会科学方面的书籍,这不仅是为了回答孩子的"为什么",也是以自己的学习习惯和学习热情,给孩子以良好的影响,培养孩子的学习习惯,激励孩子的学习热情,爸爸与孩子互相切磋,还可促进良好的家庭风气。

(3)音乐、美术、体育方面的素养

我们要求孩子德、智、体、美等方面全面发展,也得要求自己是个全面发展的"人才"。当然,许多爸爸由于各种原因,在青少年时代没有机会、条件接受各类知识和技能训练,这已是无法弥补的损失了,可是在今天,为了孩子,爸爸也应该初步具有这方面的知识。至少,应该培养这方面的兴趣。其实"留心处处皆学问"。不少爸爸跟着孩子在培训班学拉手风琴、学绘画,孩子在从头学,他们也在从头学。孩子们从头练,当爸爸妈妈的,也不耻下问,虚心求教。至于体育锻炼方面的知识,对体育运动的爱好,比音乐、美术更易普及,如果爸爸能和孩子一起听听音乐,欣赏一些美术作品,开展一些家庭体育活动,这对增进孩子各方面的健康发展,是很有益处的。

(4)教育科学知识方面的素养

家庭教育是一门科学,涉及生理学、卫生学、心理学、教育学、人才学等多方面的问题。爸爸懂得一些教育科学的知识,对子女的教育就会更有好处。

当然,我们无意让爸爸再回到学校去获取一张文凭,那不现实,也无意义。但爸爸能做到的是,在教育孩子的过程中,时时关注教育动态,学习教育和心理知识,掌握一点科学的教育方法,补充一点艺术常识,从而为孩子提供均衡的培育,促进孩子身心和谐的发展,为孩子提供一个可持续发展的家教环境,实现孩子成才、爸爸素质提高这样一个良性循环。许多家教成功的范例都证实了这一点。而这些,在信息化、网络化的现今社会,是可以做到的。

7. 给孩子营造和睦家庭

和睦的家庭是孩子的最佳补品。的确,对于孩子来说,如果失去了家庭的温暖,即使他的补品吃得再多,营养条件再好,他的生长发育也不如得到家庭温暖的孩子好。和谐家庭,父亲有责。作为父亲,除了影响孩子的审美观、价值观和世界观,除了以身作则外,还需要给孩子营造一个温馨、充满爱的和睦家庭作为与孩子共同成长的环境。

小志的爸爸是一家大型企业的总经理,每天都由专门的司机接送他上下班,司机对小志的爸爸毕恭毕敬。企业里的员工对爸爸也是非常尊敬,都谨小慎微的样子。小志常为自己有这样一个爸爸而骄傲和自豪。

一天,小志和邻居家的孩子小宾在一起玩。不知因为什么,两个孩子吵了起来。小志炫耀地说:"我爸爸是大老板,他管了好几百人,别人都怕他!"谁知,小宾不买他的账,他哼了一声,说:"才不是呢!我听见有阿姨说你爸爸是'妻管严',他怕老婆!"小志气得跳了起来:"你胡说!"

回到家后,小志就问爸爸:"爸爸,别人说你怕妈妈,是'妻管严',是真的吗?"

爸爸看着儿子因激动而涨得通红的小脸,还有那一副疑惑的表情,并没有责怪他,也没有想找个借口搪塞孩子,而是微笑着对小志说:"爸爸和妈妈之间,没有谁怕谁的问题。只是爸爸尊重妈妈的意见,那是对妈妈的爱。你想想,妈妈每天也非常辛苦地工作,有时候回家那么累,还要煮饭、做家务,有点小脾气也很正常。爸爸是个男子汉,能为这点小事跟妈妈吵架吗?爸爸对妈妈宽容,就是想营造一个和谐幸福的家,一个充满欢声笑语的家啊!"

听了爸爸的解释,小志好像明白了很多。他点了点头,非常认真地说:"爸爸,从今天起,我也像爸爸一样,做个男子汉,体会妈妈的辛苦,让着妈妈。"

每位父亲都是爱孩子的,这一点毋庸置疑,只是有时候您会和孩子的母亲产生一点矛盾,比如,生闷气、吵架等等。但不管什么时候,您都应该知道,既然我们把孩子带到了这个世界,就应该给他幸福,就应该给他一个和谐幸福的家。这是每一位父亲的责任。

在家庭中,创建民主、平等的气氛是非常重要的。这就要求父亲调整自己的心态,树立平等的意识,尊重孩子。让孩子对父亲的"怕"变为发自内心的尊重。父亲也不要控制孩子的发言权,要给他自幼表达的空间,做他的忠实听众。

另外,父亲也要明确一点,自己虽然是一家之主,但遇到问题也要跟妻子商量,最好也能让孩子在场,听一下孩子的意见。这样,孩子会实实在在地感受到家庭的民主与平等。

作为父亲,一定不要以任何借口来逃避教育孩子的责任。要从妻子的背后走出来,与妻子一起承担起照顾、养育孩子的责任。作为父亲,首先要做的是尽量在孩子面前夸奖、赞扬自己的妻子。同时,父亲还应该表现出对妻子的爱慕行为、关心行为、体贴行为等,比如,多为妻子分担一些家务劳动,吃饭时给妻子的碗里夹点菜,妻子劳累时给她捶捶背,捏捏肩等。这样孩子就能感受到,爸爸和妈妈是相亲相爱的,自己的家庭是温暖幸福的。但是,夫妻亲昵行为要把握一个度,切不可当着孩子的面做太过亲密的动作。

如果父亲和母亲由于种种原因不得不离婚,那就要在合适的时间和地点,将离婚的事实告诉孩子。虽然,这对孩子来说,是很残忍、很痛苦的一件事,但还是必须去做。作为父亲,应该坦诚地明确地与孩子沟通,也许这种积极的态度能让您得到孩子的理解。隐瞒是不现实的,瞒得了一时,瞒不了一世,当孩子有一天发现您在欺骗他时,他心灵受到的伤害更大。而且还应该让孩子知道,父母离婚完全是为了解决彼此之间的矛盾,与孩子完全没有关系。

如果孩子跟父亲生活,作为父亲,切不可把孩子推给保姆,这对孩子不负责任;也不可推给年迈的父母带,这是对老人的不孝。一定要精心地照顾孩子的生活,既要做爸爸,也要做妈妈。刚开始时,可能您和孩子都不能适应这种生活,但只要坚持下去,养成习惯,您就一定能够"掌控全局",孩子也会听您的话。

当然,您还要让孩子经常去看望他的妈妈,让他不能缺少母爱。另外,也需要跟前妻做好沟通,双方必须抛开感情纠葛,在教育孩子这件事上进行良好的合作,齐心协力地把孩子教育好。

如果孩子跟了妈妈,作为父亲,也应该经常去看一下孩子,与孩子沟通交流感情,让孩子感到父亲并没有远离他。

第二章

拒绝粗暴,"狼爸"不等于好爸爸

1. 教育孩子只能说服,不能"压服"

即使社会在进步,还是有许多爸爸,历来信奉"棍棒底下出孝子"。其实,这种粗暴的家教方式只能摧残孩子的心灵。

教育孩子只能说服,不能压服,只能用爱交换爱,用信任交换信任。

教育专家认为:打骂不是教育孩子的好方法,"棍棒底下出孝子"这句中国老话实际上是按爸爸的意志来改变孩子的行为,结果必然会伤害了孩子的身心健康。

爸爸打孩子,实际上是向孩子表示:当别人的需要与你的需要发生冲突时,武力(或权力)是有效的解决办法。这样孩子长大后,他很可能会以武力解决人际冲突,结果是受挫或破坏良好的人际关系。

另一方面,这种管教并不能增加孩子的自律。当有人管着的时候,这种孩子常常不敢表达自己,但没人管的时候又什么都敢做。这种教育方式很可能培养出一个"两面人"。

那些被打骂的孩子,随着年龄的增长,虽然已看不到他们身体上挨打的伤痕。但在他们的内心,仍然保留着幼年时挨打的痕迹,其后果是造成对自己没有信心,莫名的内疚,这种内疚会有不同的表现:性格有攻击性,跟人相处困难,或工作不负责任等等。

这种幼年遭受打骂造成的人生不自信,不仅会严重伤害孩子的身心,还会直接限制孩子个性的发展,阻碍了孩子特长的发挥,还很大程度地影响孩子未来的事业成功。

世界著名教育家苏霍姆林斯基说过:"尊重被教育的对象,是教育的实质和精华。"教人首先要教心,在人类精神财富的和声中最细腻、最柔和的旋律应该是对他人尊重的心声。

尊重孩子就是要承认他的人格尊严,倾听他的意见,接纳他的感受,包容他的缺点,分享他的喜悦。

尊重孩子应当是无条件的,也就是这份尊重不决定于孩子的行动而是对孩子的整体接纳,尤其对暂时后进的孩子更要尊重和相信他的价值和潜能。

综上所述,打骂只会摧残孩子的身心,使孩子失去人生自信,而唯有尊重,才能让孩子鼓起人生信心的风帆。所以,作为爸爸,一定要避免打骂教育在自己家里出现。

不打不骂照样教出优秀的孩子,管教孩子的方法有千百种,打骂孩子可以说是最常见最直接的方式。但是时代在变,家教观念也在更新,爸爸管教孩子的方法当然也不可能不变通。也许爸爸会感到疑惑,如果把棍子收起来,是不是就会宠坏孩子?其实,当孩子犯错时,以尊重的态度让孩子自己负责,反而更能培养孩子独立而理性的人格。

世界著名教育家爱德华教授认为：爸爸的手应该充满关爱与温暖，而不是让孩子感到陌生和恐惧。一个在战战兢兢中长大的孩子，会渐渐发展出负面的行为，例如：不敢表达自己真实的感觉就说谎，有需求不敢说就偷窃等。不过，有些爸爸又时常感到很为难，因为除了打骂之外，他们似乎总是难以找到有效的教育方法。

当被问到为什么要打骂孩子时，许多爸爸的回答都是"不听管教"。针对这种情况，教育专家指出：爸爸在打骂孩子的时候，总是把原因全部推到孩子身上，认为是孩子逼自己这样去做，却很少去寻求其他的方式来教导孩子。其实，不管用什么管教方式来对待孩子，其责任都要由爸爸来担起，而不是孩子。

正是因为爸爸不愿意花心思去寻找其他的教育方法，所以才会有打骂孩子的草率表现。

很少有爸爸天生就会教孩子，也很少有爸爸能自然而然地成为家教高手。所以，想做一个成功的爸爸，就需要不断地充实新知识。如果爸爸从小就没有得到太多良好的教育体验，现在又很难去思考应该如何对待孩子，那么请参考一下教育专家提出的"不打不骂"的教育方法。当你被孩子气得火冒三丈的时候，不妨用以下这些方法来取代打骂的教育方式。

(1)多多了解孩子

在忙于生计的同时，爸爸一定要抽出时间来多了解孩子，与孩子、保姆、孩子的老师多多沟通，尽量对孩子在学校和家庭中的表现有一个全面把握。多一分了解，就少一分误解。

这样一旦孩子真有不听话的时候，也能比较明白应该如何去引导孩子。

(2)耐心倾听孩子

如果是气急攻心的爸爸，在面对不听管教的孩子时，通常最直接的反应就是打骂。此时,爸爸应该先冷静下来,尝试耐心倾听孩子,问问孩子这么做的原因是什么。当爸爸的心思已经放在了解孩子的想法,并想办法帮孩子解决问题时,也许就会发现孩子的行为其实是情有可原的,并且也已经释放掉了很多负面的情绪。

(3)修正对孩子的期望

有些爸爸常常拿自己都做不到的标准来要求孩子。要知道,孩子年龄还小,有好动、固执、健忘等表现都很正常。爸爸如果真的要对孩子有所要求,也一定要考虑孩子的成长状况,不要总是拿"放大镜"去看待孩子的表现。

(4)对孩子放下身段

有些爸爸总喜欢在孩子面前保持威严,习惯用以上对下的态度来对待孩子。对此教育专家建议,爸爸要对孩子真正放下身段,从内心尊重孩子,不要用命令的口气跟孩子说话,将孩子当作成人一样给予尊重。不要总是对孩子说"不",而是要给孩子选择题,让孩子自己做决定。如果孩子的年龄足够大,表达能力没有问题,也可以让孩子自己提出解决方案或替代办法。

(5)同孩子做协商

不要总是要求孩子按照爸爸的心意去生活,那么不只是孩子痛苦,就连爸爸也很痛苦。孩子也是人,当然有他自己想做的事,因此,同孩子做协商,各退一步就是一种很好的方法。

(6)盛怒时不管教孩子

在极度愤怒的状况下,爸爸肯定无法以理性的方式来管教孩子。所以,当爸爸无论如何也平静不下来的时候,爸爸要暂时离开现场,或是转移自己的注意力去做别的事,等自己平静下来以后,再和孩子好好谈心。

不打不骂也能教出优秀孩子,每个爸爸都应该将这个教育理念贯穿于自己的家庭教育实践中来,给孩子创造一个良好的成长环境。

2. 讽刺挖苦比打骂更严重

冷嘲热讽这种做法在爸爸看来,也许能使孩子发愤图强,但对孩子来说,这是极大的伤害,不管怎样爸爸都不能用讽刺的语言来说孩子。

有位老人有两个儿子,长子今年48岁,次子今年44岁。因为老人从年轻时代起就非常喜欢下围棋,所以也一心想培养儿子成为职业棋手。长子读小学二年级,便开始学下围棋,可是过一年半却进展不大。一天老人生气地说:"你的智商和一年级的学生一样。"长子听到这话,以后再也不下围棋了。

老人很后悔说错话,后来当他教上幼儿园的次子下围棋时,就改变了方法,经常称赞他说:"下得好!你是下围棋的天才。"于是,次子热衷于下围棋,而且进步很快,成了一名实力很强的选手。小学六年级时还参加了县级的比赛。以后,次子在上大学念书时,尽管没有成为职业棋手,但现在也算是业余的高手,仍活跃在棋坛上。

他们兄弟二人,聪明智慧没有很大的差别,但是父亲的一句评语却产生了完全相反的效果。一个孩子对围棋失去了兴趣,而另一个孩子则棋技进步很快。

每一个孩子都有成长的欲望,想快点儿长大,想得到爸爸的认同。反过来说,孩子在大人、高班生面前,就会有矮一截儿的感觉,如果爸爸没有注意到孩子的这种思想,却说孩子的智商像小学生,指责他比实际年龄更幼稚等伤人的话,只能增加他的羞愧感,使他无法从幼稚之中摆脱出来。

第二章 拒绝粗暴，"狼爸"不等于好爸爸

有的爸爸只会担心孩子的考试成绩，担心孩子不能成材，但却很少反思自身陈旧的观念、生硬的面孔、僵化的教育模式对孩子的消极影响。

生于富裕家庭的小良，谈起爸爸来居然感受不到半点亲情。记忆里爸爸总忙于自己的工作，父亲从没带他出去玩过，对他的教育不是呵斥就是贬低讽刺，粗暴的父亲需要的是儿子的顺从与听话，母亲一般护着儿子，为了他的事，爸妈的关系也跟着紧张。

高考结束后，小良落榜了，暑假里整天在家待着，除了上上网，打打游戏之类，就无其他的活动安排，意志日渐消沉，精神逐渐颓废，自己懒得跟同学联系，同学的邀请也基本是采用回避、作茧自缚式的把自己困在里面。对于小良异常的言行举止，母亲看在眼里，疼在心里，比谁都着急，却又无法可施。

"哀莫大于心死"，爸爸用尖刻的语言奚落、讽刺、挖苦孩子，表面上看比打骂轻很多，但它带给孩子的伤害却比打骂更严重。打骂更多伤害的是孩子的身体，而讽刺挖苦更多的是伤害孩子的心灵。受"心罚"的孩子自尊被摧毁，自信和求知欲都会受到很大的打击。

爸爸是孩子人生道路上的第一任老师，是孩子在这个世界上最值得信赖的人，他们应该是最爱孩子的。但要好好考虑一下怎样去爱，怎样去教育。任何情况下，爸爸都不应该用讽刺、挖苦的语言和方式去伤害孩子，不应该心罚或变相心罚孩子。如果那样做，是家庭教育的最大失败。

有几种话是爸爸绝对不能对孩子说的：

(1) 不能说命令话

有些爸爸在孩子面前耍架子。有的爸爸一味控制孩子，什么也不准，说话就是下禁令。例如："吃完饭不许干别的，马上做作业。"这样孩子长期生活在命令中，思维就会变得迟钝，缺乏个性。

(2)不能说损伤话

有些爸爸脾气急,恨铁不成钢,经常说一些伤害孩子的话,什么"你这个笨蛋"、"活着有什么用"等等,孩子的身心定会受到创伤。

"看看人家,门门功课满分!你呢?"这样的话语,会严重伤害孩子的自尊心。许多爸爸没有意识到自己正给孩子造成了重大的伤害,他们会想:"为什么我不能像她一样?爸爸不喜欢我了。"孩子会觉得:

①爸爸放弃自己了,自己一无是处甚至没有希望;

②自己永远比不上好学生;

③没人会喜欢自己。

其实这时,爸爸应该说的话是:"我知道你担心你的成绩不如别人好,但是你要记住:你们各有所长。我们也很看重聪明的孩子,你们各有优点。"

(3)不能说侮辱话

伤害孩子心理的话,也是爸爸教育孩子时最禁忌的。有些不理解孩子心理的爸爸,当发现孩子有什么不好的行为时,就认为孩子犯了天大的错,他们不是冷静地弄清事实,而是武断地出言伤害孩子……有些爸爸也有指桑骂槐的现象,弄得孩子不能解释和反驳,非常委屈。

(4)不能说吓唬孩子的话

有时候爸爸带小孩子出门,孩子不听话时,爸爸就会吓唬他说:"如果你不跟我走,我就把你一个人扔在这里!"孩子当然希望你不会当真。因为小孩子最怕单独待在一个陌生的地方。但如果孩子听多了类似的威胁,就会觉得无所谓。这时候比较有效的方法是:当孩子不听话时,爸爸把他抱起来。这样,孩子就会明白你不允许他在公共场所乱跑。

(5)不能说气话

有些素质比较低的爸爸,稍不顺心就拿孩子撒气。说话没好气,在家也没有好脸色。孩子想躲没处躲。孩子有时候问点事情,爸爸也会说一些与问题无关的气话,这样的爸爸真的很失败。

(6)不能说埋怨话

当孩子犯错误之后,他会感到很无助,后悔当初没听从爸爸的劝告。如果这时,爸爸说:"我早就跟你说过你不听。"那么孩子的无助就变成了叛逆,就会反抗母亲轻蔑的语气,为了摆脱自卑而开始辩解,要么屈服,要么反叛,两样都不利于孩子成长。在这时较好的说法是,爸爸说:"你尝试过了,可惜没成功对吗?真为你难过。不过我也是这么过来的,慢慢来就好。"

(7)不要说欺骗话

有些言行不一的爸爸,经常"爽约"。欺骗孩子的话一般有:"明天给你做好吃的、买漂亮衣服。""好好念书,考好给你零用钱。"但是却从来不付诸行动,久而久之,孩子就再也不相信爸爸了。

(8)不要说宠爱话

有些爸爸,溺爱子女。常常听到什么"你是我的心肝儿宝贝儿。"有时孩子撒娇,要一些没必要的东西,爸爸也会满口答应。甚至孩子骂自己也不当回事,打自己还说"好"。这些容易造成孩子养成很多坏毛病,爸爸应该督促其改正。

3. 不用命令的语气

家庭教育专家卢勤女士认为,"成人世界"与"孩子世界"沟通的钥匙,不仅仅掌握在孩子手中,而是爸爸和孩子每个人手中都有一把,最重要的是爸爸手中的钥匙。爸爸要想和孩子沟通,需要学会一件事——经常从孩子的观点上来思考,从孩子的角度来观察、决定事情,这是对孩子最大的尊重。她说:"与其用命令的方式对孩子指东指西,不如蹲下来好好和孩子说话。"

爸爸能在家庭中创造一种平等民主的"空气",这是孩子的幸运。在这样的家庭里,孩子会觉得爸爸是自己的朋友,而不是高高在上的权威。

美国精神病学家威廉·哥德法勃曾经说过:"教育孩子最重要的,是要把孩子当成与自己平等的人,给他们以无限的关爱。"无数事实也表明,爸爸以居高临下的命令姿态来跟孩子说话,反而会使孩子产生逆反心理。只有爸爸转变姿态,不用命令的口气跟孩子说话,才有可能让孩子感受到平等。

张庭是个聪明的爸爸,对这一点就深有体会。

有一天,女儿青青回家晚了,张庭帮女儿拿下肩上的书包,陪女儿吃饭,告诉女儿这是特意为她准备的。张庭告诉女儿,他已在窗口看了很多次,盼着青青回来。青青说,她陪同学买东西去了,所以回来晚了,并向爸爸道歉。

张庭说:"孩子,爸爸知道你是一个有责任心的好孩子,相信你不会惹麻烦,但爸爸牵挂你,担心遇到交通方面的问题或别的什么事情。以后,最好先打电话回来说一下。"

张庭从孩子的角度出发看待孩子的过失,使孩子能感受到爸爸对她人格的尊重,感受到她与爸爸在地位上的平等。在我们周围,有许多爸爸喜欢用成人的思维方式来看待孩子的行为,喜欢用命令的方式和孩子讲话,这是不科学的。

孩子本身就是一个独立的个体,有自己的思想,自己的人格和尊严,他们都希望爸爸能够给予他们尊重和平等。爸爸只有和孩子站在同一水平线上,孩子才有可能感受到平等和尊重。

平等地和孩子说话,是增强孩子独立意识的有效方式。

有的爸爸在家里总爱摆为人爸爸的架子,对孩子呼来唤去,常用命令的语气对孩子说:"把我的眼镜拿来!""不要动那本书!""今天晚上不准出去玩!"当时倒是够威风、够痛快的,可是这些爸爸逐渐地会发现,孩子们慢慢地不吃这一套了,而是常将爸爸的一道又一道的命令当耳旁风。

经常用命令的口气对孩子说话的爸爸,应该了解:命令并不是一种好的教育孩子的方式。

(1)命令并不比积极的暗示对孩子更有效

在具体的家教实践中,爸爸首先要对孩子的心理进行一番"研究",想想自己在孩子这样的年龄遇到同样的事时是怎样想的。这样就可发自内心地理解孩子,从而改善解决问题的方法。

著名儿童教育家陈鹤琴在其名著《家庭教育》一书中举过这样一个例子:一天,陈鹤琴的儿子拿了一块破烂的棉絮裹着身体玩。陈鹤琴看见后,就考虑是立刻把破棉絮夺去呢,还是让他在玩弄中得到一种经验;或者命令他将棉絮丢掉,而以其他东西替代。思考了一下,陈鹤琴觉得还是用积极的暗示去指导为好,就对孩子说:"这是很脏的、有气味的,我想你一定不要的,你要一块干净的,去拿一块干净的吧。"孩子听了,果然很高兴地跑去了。

陈鹤琴事后总结说:"无论什么人,受激励而改过,是很容易的;受责骂而改过,是比较不大容易的;而小孩子尤其喜欢听好话,更不喜欢听恶言。大多数做爸爸的看见小孩子玩肮脏的东西,就不期然而然的去把它夺过来,而且还要骂他,甚至于还要打他。其结果,小孩子改过的少,而怨恨爸爸的多;即使不怨恨爸爸,至少也一定不喜欢爸爸了!"

可见粗暴命令的方式,还易于形成爸爸与孩子间的对立。

(2)命令让爸爸的教育行动不能留下回旋余地

例如:爸爸命令孩子去睡觉,偏偏孩子是置若罔闻,只管自己玩自己的,而爸爸一时也拿这些小淘气没办法。这样次数多了,孩子就觉得不听爸爸的命令也没什么,那下次也就更不会听了。如果爸爸明白孩子的心理,这样对孩子说:"呀,这东西真好玩呀!可惜时间不早了,乖孩子应去睡觉了。要不你再玩5分钟,就去睡觉,好吗?"这样既夸孩子乖,又是用征询的口气同他说话,孩子感到受到了尊重,也许到不了5分钟就乖乖地睡觉去了。而且这样为爸爸留下了余地,即使孩子暂时不听话,也不至于激得爸爸为了自己的威严而去与孩子大动肝火。但爸爸一旦向孩子发出了命令,那是一定得让孩子服从的,不然不利于以后的教育。

(3)对孩子使用命令不利于孩子人格的发展

爸爸老对孩子用命令的方式支配来支配去,孩子处于被动服从的地位,时间长了,就会形成退缩的性格,依赖性强,缺乏主动性;也有可能走上另一个极端,孩子经常与爸爸顶撞,逆反心理增强,走入社会后也会具有反社会性。

所以,爸爸对孩子一定要注意说话的语气,千万不要用命令的方式。

4. 别把个人意志强加给孩子

日本著名作家池田大作曾说:"爸爸可以有自己的理想,但干涉孩子各自的理想,就等于不承认孩子的人格。青少年不良行为的种子,最初就是从这里萌芽的。"所以,作为父亲,也不要把自己的理想、梦想强加给孩子。因为这会严重阻碍孩子的健康成长与发展。

每一位父亲都应该学会做"雕塑"孩子的艺术家,不要把自己的意志、梦想强加给孩子,一定要研究孩子究竟适合学什么,这样才能让孩子更好地发展。

李欣是高三生,他学的是理科,虽然他的数理化成绩都不错,但他更喜欢文科课程。高考前,学校组织大家填报大学志愿。老师说,填报志愿非常关键,因为填报的志愿从某种程度上能决定未来的工作,甚至是选择未来的人生之路。所以,要求学生要重视。

老师的话引起了李欣的思考:"我该给自己选择怎样的人生之路呢?"他决定听听父亲的建议。回到家后,李欣对爸爸说:"爸爸,您说我该报什么专业?"

爸爸说:"就报最热门的金融专业吧,以后找工作会容易一些。另外,你毕业后还可以到海外留学发展。"

李欣说:"爸爸,虽然我的理科成绩不错,但我更喜欢中文。"

"在大学里学中文有什么意思呀,还是报金融专业吧!爸爸当年的梦想就靠你来实现了。再说,你看现在金融人才多吃香呀。爸爸就希望你能成为一流的金融人才,到时候去美国华尔街发展。那样,爸爸的脸上也有光呀！"爸爸开始憧憬了……

李欣说："爸爸，我想以后从事弘扬中华传统文化的工作。您要支持我的选择呀！"

爸爸觉得和儿子说不通，开始有点火了："你懂什么？我吃过的盐比你吃过的米还多！不要和我在这里争辩，知道吗？"

爸爸没有从孩子的角度考虑，一味地强调自己的意志，而且还把自己年轻时没有实现的梦想强加给了孩子。可想而知，孩子会是怎样的感受，会不会影响高考复习，进而影响高考成绩呢？

孩子在没有自主选择的意识前，父亲在某些方面替他做选择是必要的。但这并不等于父亲就可以按照自己的意志去塑造孩子，更不可以把梦想强加给孩子。明智的父亲一定会考虑孩子的心理要求，让孩子做出选择，并且尊重他的选择。

古今中外，很多成功人士的路都不是爸爸为他选择的，而是靠自己的选择而成大器的。孩子的路终究还是要靠自己来走的。为人父者，与其把自己一厢情愿的没有圆的梦想强加给孩子，不如与孩子一起去圆他自己那个美丽的梦想，让孩子在您的赞赏、鼓励、支持中找到向前迈进的动力，按照自己的兴趣与能力发展，实现梦想。

别再对孩子进行"填充式"教育

很多父亲认为当年自己想当音乐家、画家、建筑师、律师，或者考上名牌大学，但因为各种原因让这些梦想化成了泡影。那么，他们把这种梦想寄托了孩子身上，希望孩子能够圆他们未圆的梦。于是，父亲让孩子在课余时间必须学这学那，把孩子的自由空间都挤占满了，暂且不论孩子对此是否有兴趣，这种让孩子没有自由空间的"填充式"教育方法就是错误的，不但不能发挥孩子的兴趣和特长，还会阻碍他的潜能的发挥。

作为父亲，一定不要再对孩子进行这种"填充式"的教育了，要让孩子健康快乐地成长。

不逼迫孩子按您的想法做事

英国著名教育家布鲁尔说："同我们的父辈相比，我们更加感到有必要调动孩子自己的自主性和创造性；我们只要告诉孩子，如果他们打算在就业市场上找到一席之地，就必须考出好分数。但是，如果我们过多地催促孩子上进，将会适得其反，压抑他们与生俱来的才华和独创性。"

希望孩子成才并没有错，错的是父亲的逼迫态度。著名作家罗兰曾说："父亲的教育方法是鼓励，而不是逼迫和苛求，是随我们的个性发展，而绝不是强迫把我们铸成固定的模式。"父亲应该知道，真正的天才不是逼出来的。所以，不要逼迫孩子去做什么。否则，最终的结果可能会令父亲大跌眼镜。

有一位父亲，他的孩子获得了美国青少年最著名的一个科学奖的金奖。每天，这位父亲都带着一张印有他孩子大幅照片的报纸，他为孩子的成就感到无比的骄傲。但是，他却经常叹息，因为他的孩子长大后和他断绝了一切关系。因为，这位父亲是以逼迫式的教育方式提高孩子才能的，但却同时牺牲了孩子的心理健康。

根据孩子的兴趣培养他的技能

一位父亲小时候的梦想就是成为小提琴家，但最终未能如愿。儿子出生后，他就希望儿子能学小提琴。儿子3岁时，他就自作主张地给孩子买了一把小提琴。其实，他知道儿子一开始就不喜欢小提琴，但他还是一厢情愿地让孩子学。最终，儿子还是也没兴趣。半年后，小提琴上蒙了厚厚的一层灰尘，这位父亲也没了热情。

后来，这位父亲总结了教训，开始根据孩子的兴趣培养孩子的技能了。他看到儿子的动手能力比较强，就给他买了一套工具，像螺丝刀、钳子、扳手等。结果，儿子每天都忙活得不亦乐乎，他的成长中只有快乐。

把一些决定权放给孩子

有些经验,必须靠自己的尝试得来。所以,当您确定孩子能够承受时,把一些决定权放给孩子,让他去按照自己的想法大胆尝试。孩子可能会成功,也可能会失败。如果孩子失败了,作为父亲,您应该跟他分析失败的原因,而不应该说:"看,我早就说吧,你就是不听!"

5. 尊重为先,教育在后

自尊心是人类特有的思维活动,是向上的内在动力。幼儿期是孩子自我意识的形成时期,这时他们就开始注意别人对自己的评价,保护自己的自尊心。孩子的自尊心是孩子健康成长的重要心理因素,如果伤害孩子的自尊心,孩子就会失去前进的动力和勇气,从而带来不良的后果。

然而,不少爸爸的不当做法却在伤害着孩子的自尊。例如有的爸爸重男轻女,尤其是在多子女家庭中不能平等对待每一个孩子,受歧视的女孩的自尊心的建立已经有了先天缺陷,很容易自卑;有的爸爸对待孩子始终居高临下,这种不能和孩子在同一个水平线上的交流方式,不能对孩子以诚恳平等的态度,不尊重孩子的成长,肯定对孩子的自尊心是一个极大的打击。

世界著名教育家斯特娜夫人说:"自尊心是一个人品德的基石,若失去了自尊心,一个人的品德就会瓦解。"自尊心,每个人都有。孩子,作为一个独立的个体,同样也具有自己敏感的自尊心。

孩子渴望被尊重,被承认。千万不要以为"请勿打扰"这四个字只会出现在宾馆门把手上。实际上,很多孩子也会想在自己房间的门把上留下这类话语:"请勿打扰。有事请先敲三下,允许,方可进入。"

有一位父亲有一次未敲门就进入儿子的房间,儿子竟恼怒地大声问道:"有什么事?为什么不敲门进来!"这位父亲十分伤心:"白养这么大了,怎么这样对待我。"

可是儿子在自己的日记中却这样写道:"我看书写作业时,有时学着学着,感到背后有喘气声,猛一回头,发现爸爸正在偷偷地看我。每当这时,我就觉得自己像做错了事,气得跟他们吵。对他们不敲门进房间我特反感,每个人都要尊重别人的想法,爸爸也不例外。"

"看"着孩子学习,引起孩子的反感。这件事情表明孩子需要爸爸的尊重和理解,他们也有自尊。这种现象极为普遍。爸爸与孩子交流方面的冲突日渐突出。

随着孩子的长大,许多爸爸对孩子的担心,慢慢转变为不放心和不信任。于是一些爸爸偷听电话、偷看日记,甚至雇用私人侦探"跟踪"干涉孩子的生活。

孩子之所以要求爸爸"请勿打扰",根本原因在于爸爸无视孩子的存在,不尊重孩子的人格与自尊。其实,这是他们独立意识和自尊意识的一种体现。进入青春期的孩子,心理上出现了一些新变化:随着年龄的增长,他们对爸爸的依赖减少,独立意识强烈,成人化倾向明显,希望别人尊重他们的自主性、独立性;随着生活领域的扩大,知识信息的增多,他们的内心变得敏感起来,感情变得细腻起来,许多想法开始在内心翻腾,原先敞开的心扉开始渐渐关闭,有了自己的隐私;而且,即使有不少话想说,但观点已经与长辈不一致了,于是他们与爸爸的心理沟通明显减少,转而向"心爱的日记本"大量倾诉内心的"秘密",或者在信件中诉说内心的感受。

因此，他们往往会把日记本视为不许别人染指的珍宝，并用"锁"勾画出他人不可随意进入的内心世界的"警戒线"。这是独立意识和自尊意识的体现，是孩子走向社会的前奏曲，对处于青春发育期的孩子的身心健康关系重大。然而，有的爸爸往往出于对孩子的关心和爱护，千方百计地窥视、探测孩子的隐私，没想到这种"爱心"却侵犯了孩子的隐私权，成为阻碍其心理健康成长的绊脚石。

人本来就是群居动物，需要社会，需要与人交往。处于"心理断乳期"的孩子，强烈需要有自己成长的空间，希望别人把他当成人看待。如果这时爸爸还把他当成孩子，就会引起他们的厌烦，产生对抗心理。

有这样一位父亲，他处理儿子的异性交往问题就非常智慧。

有一天，儿子跟父亲说："爸，本人看上一个女生，漂亮、智慧、好心，我能跟她结婚吗？"

父亲说："好啊，你能看上她，她看上你了吗？"

儿子自豪地说："她也看上我了。"

"那很好，你能被一个女生看中，说明你很了不起；你能看中一个女生，说明你的眼界开阔了，如果你将来想在县里发展，你就跟她继续交往下去；如果你想在市里发展，你将来就应该在市里去解决这个问题；如果你想到省里发展，你应该到省里解决问题；如果你想到北京发展，你应该到北京解决这个问题；如果你想在世界发展，你应该出国解决这个问题。"

儿子听了说："那我就等等再说吧。"

这位聪明的父亲用幽默的方式给了儿子一个重要的人生忠告，而不是用跟踪、调查等侵犯孩子隐私的手段。

孩子大了，心中自然会有不愿告诉他人的秘密。尽管孩子内心世界的秘密有正确的也有错误的东西，但毕竟是孩子成长成熟的表现，也是孩子成长过程中的正常现象。爸爸对此应该予以尊重,千万不能因为子女不再像以往那样和自己说心里话、有事瞒着自己或给抽屉上锁而心急、焦虑,更不要采取偷看之类的方法。否则,只会给青春期孩子的心灵蒙上沉重的阴影。因为青春期的孩子本来就敏感、自尊,很难忍受别人的误解和偏见。试着去了解他们,与他们沟通、闲聊,加强家庭内部的民主、温馨气氛,才是减少子女对日记本的"感情依赖",鼓励他们与爸爸共享心灵的良好方法。

当然,有许多爸爸其实是怀着一种矛盾的心情翻看孩子日记的——知道翻看日记本是不妥的,但又无可奈何,生怕孩子受到外界不良因素的影响学坏了。那么,注重平时的交流,特别是在充分尊重孩子人格与隐私的基础上,平等对话,交流情感,循循善诱,让孩子主动敞开心扉,恐怕是避免这种矛盾的最好办法了。

至于私拆孩子的信件,更是错误的。因为无论是《宪法》,还是《中华人民共和国未成年人保护法》,都明文规定,公民的通信自由不容侵犯,未经允许拆看他人信件,是违法的,不允许的。

最后,当孩子有缺点和错误时,爸爸应先了解情况,再根据事实讲道理,做适当的批评教育。孩子不听话、做错事、惹大人生气是常有的事,爸爸最好自己先克制情绪,等平静下来后再用和蔼的语气把道理讲给孩子听,让孩子意识到自己错在哪里,这样比单纯地训斥孩子效果要好得多。另外,批评要注意分寸和场合,尽量避免在外人面前批评孩子,也不要对孩子算老账,更不能动不动就打骂斥责孩子。经常训斥孩子,将会使孩子具备适应训斥的能力,如果爸爸不断训斥孩子,孩子就会适应了"训斥",最后爸爸的训斥就达不到预期的效果,反而使孩子出现逆反心理。

爸爸要想希望孩子在未来获得成功,就应该停止这些伤害孩子自尊的做法,同时要积极培养孩子的自尊心。

(1)爸爸是孩子的一面镜子,要以身作则。自尊自信的爸爸才能培养出自尊自信的孩子。

(2)多赞美和鼓励,让孩子经常感受到自己成功的喜悦,可以增强他们的自尊心。孩子失败时,爸爸不能因心急而过多地指责,孩子的自尊心在爸爸长期的责难声中将会逐渐消失。

(3)公平、公正地爱每一个孩子。不要因为孩子有缺点或缺陷就看不起孩子,更不要把自己的孩子和别人的孩子作比较。

(4)不把自己的愿望强加给孩子。有些爸爸不考虑孩子的实际情况,也不征求孩子的意见,就硬要孩子按自己的意愿去做,往往会起到反效果,孩子的自尊心因此会受到伤害。

(5)放手让孩子做力所能及的事情,给孩子充分的自由,使他们在探索与实践中提高自信力和自尊感。

(6)积极聆听孩子的意见,使孩子能获得人格尊严和自我价值的满足,从而增强自尊自信。

总之,尊重孩子的人格尊严,是每个爸爸的责任。不论孩子的大小,他们都是实实在在的一个人,需要爸爸的尊重和平等相待。爸爸要保护孩子的自尊心,用欣赏的眼光,鼓励性的话语去真诚而积极地评价孩子。

6. 不要"我是你爸爸"的威风

很多父亲认为,自己就是孩子的"天"。他们唯我独尊,对孩子说一不二,采取严厉管制和强迫式教育。这种教育方式很容易损害孩子的身心健康,导致孩子形成不良的个性和人格。有的孩子对父亲的这种专制教育方式产生逆反心理,甚至会采取过激行为,酿成悲剧。

· 第二章　拒绝粗暴，"狼爸"不等于好爸爸 ·

　　爸爸有收集邮票的爱好。也许是受了爸爸的影响，7岁的闵帆也渐渐对邮票产生了浓厚的兴趣。一天，闵帆趁爸爸不在家，就把爸爸珍藏的邮票册都拿了出来，对每张邮票都仔仔细细地看了一遍。看了大半天，闵帆有点累了，就回房间休息去了。

　　爸爸回家后，看到自己心爱的邮票册被随意地扔在客厅的茶几上，还有几张邮票散落在外面，其中有两张还被茶几上的水给浸泡了。

　　爸爸非常生气，就把闵帆叫了出来，非常严厉地问："这是怎么回事？"

　　闵帆并没有意识到问题的严重性，他满不在乎地回答："我觉得邮票很有意思，就拿出来看看。"

　　爸爸更生气了："看看，你把邮票都弄成什么样子了？以后不许动这些邮票册！"

　　闵帆小声说："爸爸，我很喜欢邮票，下次我还想看您新集的邮票！"

　　"下次？不行！"

　　"求求您，答应我吧！"

　　爸爸有些发怒了："我说不行，就不行，你这个孩子怎么这么胡搅蛮缠的！"闵帆被爸爸喝了一声，脸都吓白了，他跑回了自己的房间……

　　很多父亲都认为自己是孩子的"天"，所以会对孩子说："说不行，就不行。"这是一句不容孩子争辩的话，根本不给孩子一点解释的机会。当然，这样的父亲扮演的就是坏爸爸的角色了。结果，很多孩子就像闵帆一样，"脸都吓白了"，所有的委屈只好往肚子里咽。

　　好爸爸则能认真听孩子的想法，并站在孩子的角度，设身处地地为他着想。另外，好爸爸还能耐心地向孩子说明两点内容：一是要对物品有珍惜的态度，二是未经允许，不乱动他人的东西。这两点会对孩子的做人处世有着积极的影响作用。

生活中,很多父亲也认为,孩子就是应该听父亲的话,就应该对父亲言听计从,不能有半点的辩驳,等等。其实,这些行为都在证明父亲在端"老子"的架子,在做专制的"独裁者"。今天,面对孩子,父亲应该有一颗平和的心,要与孩子平等相处,为孩子树立好的榜样,不把自己当"天",孩子才会尊重您,反而会把您当"天"一样敬重。

1)不耍"我是你爸爸"的威风

父亲应该知道,不要在孩子面前耍"因为我是你爸爸"的威风,这对孩子是一种伤害。著名教育家赵忠心教授指出,"我是你爸爸",这只能是我们必须要承担起教育子女义务的依据,而绝不能以此作为向子女施展特权和大耍威风的理由。

现在,有些孩子好逞威风,以强凌弱,敢跟长辈、老师顶撞,这些往往是因为他在家里受到了不公平的待遇和强权压制,从而出现一种寻求平衡的非正常心理。赵教授认为,这是一种发泄或报复。本来父亲是想树立威信,但事与愿违。

2)给孩子一点自由,不要压制

一般来说,父亲都喜欢标榜自己对孩子的教育很严格,既不许这样,也不许那样,完全不给孩子一点自由。父亲应该知道,孩子一旦被束缚得太久了,就很有可能形成抑郁、怯懦心理,这种心理显然不利于他健康成长。

另外长期被压制的孩子,到了青春期往往会更加的叛逆,甚至会做出违反道德和法律的事情来。孩子的健康成长需要足够的空间,所以父亲千万不要单方面给孩子制定过多的规矩,把孩子严格束缚在一个狭小的圈子里。要舍得放手,给孩子体验生活、自由支配时间的机会。

3)不要对孩子"以暴制暴"

在生活中,当孩子提出一些无理要求时,很多父亲都会断然拒绝,然后再狠狠地批评孩子一顿。因为在生气时,父亲很可能会说出伤人的话,比如"滚"、"出去就永远别回来"等等,这样就会伤害孩子的自尊心,破坏亲子关系。更为严重的是,有些倔强的孩子,说不定就真地永远不回来了。

当孩子顶撞父亲时,威胁或"以暴制暴"是没有任何作用的,相反只会破坏亲子间正常、自然的沟通,恶化亲子关系。这时父亲需要聆听、理解和宽容孩子,只有站在孩子的角度上考虑他的真实想法,再以此着手进行坦诚的教育和说服,孩子才会主动放弃不合理的要求,接受意见。

所以,当孩子不听话并且和您对抗时,您要抓住这个机会,要向孩子展现做父亲的爱心,要对孩子动之以情、晓之以理,让他明白自己到底错在了哪里,培养孩子鉴别对错的能力,尽量要尊重孩子,而不要随便责骂和责罚。

4) 把孩子当"小大人"

一位单亲父亲晚上经常加班,但他和12岁的儿子过得很快乐。因为他们家充满了友爱和谐的气氛,父亲不端"老子"的架子,不把孩子当孩子,而是当"小大人"看。

又一个加班的夜晚,父亲给儿子打了个电话:"小伙子,我饿了,20分钟后到家。""好的爸爸,我会给您准备宵夜,您注意安全。"孩子从被窝里爬出来,在厨房快乐地忙活着。很快,宵夜就摆上了餐桌。爸爸回来了:"小伙子,给爸爸做饭不辛苦呀?"儿子快乐地说:"爸爸,我已经是大人了,我愿意为您服务。"

这位父亲把孩子当成"小大人"的教育方式实在很高明。这样的话,有谁还能说父亲的权威必须端"老子"的架子,必须是建立在对孩子的训斥上吗?

作为父亲,千万别把自己真的当成孩子的"天",要把孩子当成同等的"人"来对待,尊重他,理解他。要宽容地对待孩子的错误,对孩子宽容,是做父亲的美德,也是家庭教育的必需。不把自己当孩子的"天",您就会在教育孩子方面收到意想不到的收获。

7. 赏识和尊重孩子的朋友

作为成年人，爸爸都有一种体会：回忆起童年生活时总感觉非常兴奋，对儿时的朋友更是感到特别亲密，说起与童年朋友一起做的各种趣事，如数家珍。爸爸自身的经历说明：孩子需要朋友，孩童时代的友谊是非常珍贵的。朋友的缺失不仅使孩子的童年极为孤独，而且对孩子的身心健康极为不利。

因此，爸爸应该珍视孩子的朋友，通过赏识和尊重孩子的朋友，培养孩子团结友爱、协作互助的良好习惯和健康心灵。

春萍的好朋友静静，经常到春萍家玩。可是，每次静静走后，家里都会变得一片狼藉，玩具扔得到处都是。一次，爸爸对春萍说："千万不要向静静学，你看家里被她弄得多乱，这种孩子没有人会喜欢的。"听了爸爸的话，春萍非常不高兴，噘着小嘴对爸爸说："不许你这样说我的朋友。"说完就闷闷不乐地进了房间。

几天后，静静又来找春萍玩。爸爸立即将静静挡在门外，不许静静进他们的家门。静静委屈地走了，从此再也不和春萍一起玩了。

春萍为了这件事情哭了好多次，还好长时间没有和爸爸说话。

还有一个案例：

孙皓有一个坏毛病，就是自己的东西总乱扔一气，结果到用的时候却怎么都找不到。后来，他认识邻居家一个叫芊芊的小女孩，两个人经常在一起玩儿。孙皓的爸爸发现芊芊非常爱干净,自己的东西也从来都是整理得井井有条。

于是,爸爸问孙皓:"你和芊芊是好朋友吗?""当然是啊。"孙皓回答爸爸。

"好朋友就应该互相学习,你看芊芊多爱干净,总是把自己的东西收拾得整整齐齐,你能做到吗?如果你做不到,芊芊可能就不会和你做好朋友喽。"

后来,孙皓果然改掉了乱扔东西的坏习惯,自己的东西也收拾得整齐多了。

从上面的两个案例可知:赏识和尊重孩子,应该支持孩子的社会交往、尊重孩子的朋友,这样不仅可以让孩子感觉到爸爸对他的尊重而更加信赖爸爸,而且还可以促进孩子之间的友谊和交往,促使他们互相帮助、互相学习。

尊重孩子的朋友对孩子的成长有诸多好处:

首先,可以通过赏识孩子朋友的优点,让孩子在与朋友的交往中主动学习,克服自己的缺点。

其次,尊重孩子的朋友,鼓励孩子与朋友们交往,可以培养孩子的社会适应和交际能力。

在孩子的游戏中,常常通过"手心、手背"的方法决定由谁"当皇帝"、"当大将"、"当解放军"、"当坏蛋"……这是一种简单的机会均等的民主手段,却可以培养孩子"少数服从多数"的民主思想。孩子常在一起玩儿"过家家"的游戏,扮演不同的角色,演绎家庭生活中的各种事件,买菜、做饭、睡觉、扫地以及娶媳妇、走亲戚等等。这是成人社会现象在孩子社会中的折射,孩子在"过家家"中了解了很多社会知识,也锻炼了初步社交能力。

最后,鼓励孩子在与孩子的交往中培养群体意识,可以克服孩子过强的个体意识。朋友之间的群体生活可以克服孩子以自我为中心的毛病，让他们遵从群体活动规则，认识到每个人的权利和义务。如果只顾自己，就会受到朋友们的排斥，其他孩子就会看不起他，不跟他玩儿，将会促使孩子最终向群体规范"投降"。"合群"是人的重要品质和能力，这是爸爸无法口授给孩子的。

因此，爸爸应该鼓励孩子交朋友，当孩子有了朋友之后，应该通过赏识和尊重，促进孩子之间的交往。

如果孩子已经交上了朋友，爸爸要及时给予肯定，比如对孩子说："真高兴你有了自己的朋友，听说你的朋友很棒，你们应该互相关心，互相帮助。"或者说："听说你交的朋友很出色，我很想见见他，你看可以吗？"

如果孩子还没有朋友，则应积极帮孩子寻找。比如鼓励孩子与家附近的孩子一起玩，与同事或同学的孩子一起玩。并适时和孩子讨论他们交往的情况，帮助孩子分析并做出选择。

另外，要欢迎孩子的朋友到家里来。把孩子的朋友当成自己的朋友一样，采取热情欢迎的态度。当孩子来家里时，爸爸应该说："我们家来朋友啦，欢迎欢迎。"或者"真高兴我的孩子有你这样的朋友，你们能来太好了"，而且要鼓励孩子认真接待，让孩子的朋友感觉到你对他们的支持和赏识。

对于孩子和朋友的交往，爸爸也不能听之任之，使孩子陷入不当的交际圈。而是要充分利用他们喜欢交往的心理，因势利导，正确地引导和帮助他们建立纯真的友谊。

爸爸不能因噎废食，还是要让孩子积极参加各项有益的活动的，但必须得让他们知道哪些朋友是不该交的。如果你对孩子的朋友某个方面很不满意，就应该当着孩子的面严肃地说出来。当孩子冲着你转眼珠暗示别说时，你不必大喊大叫，而应坚持以清晰、严肃的态度告诉他，哪些行为是不被你所赞成的。

怎样才能做好引导孩子交到好朋友，并且尊重孩子的朋友呢？那么，你不妨按照下面的方法来做做看。

(1)让孩子学会选择朋友

爸爸要有意识地帮助孩子进行择友引导。这样孩子在交友的时候,有了一个大的原则和方向,从而避免陷入交往误区。

(2)培养孩子交往的信心

在现实生活中爸爸不难发现,当孩子在某些方面有了特长,就会为他结识新朋友提供机会,在交往中增强自信心。托马斯·伯恩特说:"友谊建立在共同兴趣的基础上。如果你的孩子朋友不多,那么就努力培养他的多种兴趣。这样,在参加共同活动中,可以逐步建立朋友之间的友谊。"

(3)指导孩子与朋友相处

在孩子交朋友的过程中,爸爸要不断地进行指导:对待朋友要真诚坦率,以诚相待,严以律己,宽以待人。每个人的性格、情趣各有不同,交往中就要尽量尊重朋友的意愿,主动寻找双方都感兴趣的事物进行交谈。另外,由于每个朋友的心里还都有心理敏感区,那就要在平时说话、玩笑里,尽量避免刺激朋友心理敏感点,不要刺痛朋友心灵的"疮疤"。

(4)尊重孩子的交往意愿

在孩子交往过程中,尽管需要爸爸的指导,但爸爸也要尊重他们的意愿,让他们有一定的自主权。在选择朋友方面,爸爸和孩子的意见常常会不一致,只要对方不是品行太差,还是尽量先尊重孩子的意见,然后在他们交往的过程中,进行积极的引导和帮助。爸爸还应尊重孩子的朋友,欢迎孩子的朋友到家里来做客。爸爸这样做,既可以表示自己对孩子的尊重,也可以进一步密切与孩子的关系。

第三章

教子以德,别让孩子输在起跑线上

1. 引导孩子说真话

伟大的平民教育家陶行知先生说过,"千教万教教人求真,千学万学学做真人"。"真",应该是一个人格健全的人,是一个人的立身之本。教育孩子说真话,应该从小的时候开始。要是孩子说假话成习惯,孩子的行为就会变成当面一套,背后一套,很容易走上犯错误、做坏事甚至违法犯罪的道路。所以,为人父母者,一定要教育孩子不撒谎,说真话。

一个双休日的上午,文文的妈妈领着文文去早市买菜。回家后,文文兴奋地对他妈妈说:"妈妈,你看这是什么?"说完,他像变戏法似的,从裤兜里掏出一个土豆。他妈妈很是惊奇,就问他这是怎么回事。文文说:在路上捡的。文文的母亲并没有相信他,反而觉得这事有些蹊跷,就追问了起来。最后,文文说出了真相。就是在他们买土豆付钱的时候,有很多人在挑土豆。由于人多,卖土豆的摊主也没有看见,他就偷偷地拿了一个。

文文本以为他妈妈会表扬他,没想到他妈妈会很生气。就在这个时候,文文的爸爸会来了,看到这个情景,得知详情后,爸爸也很是生气。看着他们,文文害怕地低下了头。

文文的爸爸看着他那副可怜相,是又气又恨,打算厉声训斥一番,但突然想这是教育孩子讲真话的好时机。于是对儿子说:"农民伯伯挣钱很辛苦,你怎么能偷东西呢?我们做个诚实的好孩子,把土豆还给爷爷。"儿子撅着小嘴不高兴地说:"妈妈,我可不去,反正他也不知道。"看儿子不依不饶的样子,爸爸就给他讲起那个家喻户晓的《狼来了》的故事。听完故事后,儿子若有所思地对他妈妈说:"妈妈,我们走吧!我要做一个诚实的孩子,但这件事情你千万别告诉小朋友。"见到摊主后,儿子像个害羞的姑娘似地拿着土豆对摊主说:"爷爷,对不起,刚才趁你不注意多拿了一个土豆还给你。"摊主却一脸的茫然,待文文的妈妈说出事情的原委后,摊主对儿子伸出了大拇指,儿子乐得又蹦又跳。

可以说,文文父母的教育,不仅仅是归还了一个土豆,而是杜绝了孩子说假话,办糊涂事的行为,引导孩子走向了正道,文文也受到了深刻教育和启发。

从文文父母教育的方式中,不仅要善于发现孩子说假话,更重要的是还要积极引导:

一天,一位父亲带儿子坐公共汽车。停车后,上来一位抱小孩的妇女,满车的人都没有让座,只有儿子毫不犹豫地站了起来:"阿姨,请这里坐。"

下车后,儿子问:"爸爸,阿姨为什么不道谢。""可能她道谢了,你没有听到。""没有,她绝对没有道谢,我听得清清楚楚。"儿子斩钉截铁地说。过了一会儿,儿子仿佛若有所悟地补充道:"我知道了,怪不得车上没有人让座。"

看到这里,我们知道,孩子的结论是不正确的,但这个时候,孩子的爸爸如果不进一步解释的话,孩子是说了一句真话,却缺失了一份爱心……

教育孩子说真话,首先父母就应该做一个说真话的人,自己要成为孩子的榜样。

当发现孩子说谎的时候,父母应该检查自己的教育方式:一是如果发现孩子说谎,父母采取了严厉的惩罚措施,为了避免惩罚,大多数孩子以后还是会采用撒谎的方法;二是如果父母对孩子说谎的反应从一个极端转向另一个极端时,也容易导致孩子说谎;三是如果孩子感觉自己在父母眼里是个不诚实孩子,这时候孩子也会说谎。

其次,要鼓励和保护孩子说真话。父母是孩子最信得过的人,孩子听到什么事情或是想到什么东西,都会统统告诉爸爸妈妈。这时,不要管孩子磨拳擦掌是什么,父母都要认真、耐心地听完,就是孩子有些地方说错了,甚至使父母不愉快,父母也不要吹胡子瞪眼发脾气,而要亲切地跟孩子交谈讨论,说出自己的心里话,而不要应付、糊弄孩子。如果孩子因为说真话在外面吃了亏,父母应想办法帮助孩子做思想工作,明确表示支持孩子讲真话,鼓励孩子做一个真诚的人。

第三,教孩子做一个真诚正直的人。父母应根据不同的情况客观分析,对孩子进行正确的教育引导,应奖励孩子讲真话,即使孩子有了错误,只要说了真话,就应肯定他的做人之道,并引导他不断地完善自己;不用打骂、惩罚、斥责等消极、粗暴的方式对待孩子,避免孩子为保护自己而以谎言应付大人。要与孩子成为朋友,建立相互信任关系。要让孩子懂得,向大人讲明自己的错误,是诚实的举动,诚实地讲了出来就是好孩子,就能得到原谅甚至表扬,以此来诱导。

一般情况下,孩子知道做错了事,在没有压力的情况下,往往都会主动地讲出来,在表扬他诚实的同时,告诉他以后怎样才能不再做错这样的事。

2. 鼓励孩子知错必改

天下没有不犯错误的人,孩子也一样,而且孩子由于年少无知,更容易犯错误。一个人犯一次错误不可怕,可怕的是知错不改,一辈子犯错误。爸爸对于孩子要保有永远的积极心态,当孩子错误发生时,重要的不是训斥孩子,而是与孩子一起分析错误,让孩子认识错误,做到以后知错必改,这样才能培养孩子的自律精神。

在孩子成长的过程中,总会遇到磕磕碰碰的事情,比如不小心摔坏东西、损坏东西等。当出现这种情景时,孩子对自己不小心所造成的破坏,也是非常后悔和难过,甚至感到恐惧。

这时,父母应该包容和安慰孩子,而不是批评和指责。批评和指责不仅于事无补,而且会造成孩子对父母感情的疏远。以后再发生这种事情,他们可能会故意隐瞒父母,从而使孩子养成说谎的习惯。

在对待孩子的过失行为时,首先要分析孩子产生这种行为的原因是什么?为什么会出现这种情况,然后依据不同的原因,父母应该采取不同的态度和方式去处理、教育。

当孩子本意正确、方式错误的时候，父母首先应该对孩子的本意给予赏识，然后帮助孩子分析错在哪里，并教给他正确的方法，指导孩子的生活和学习。

当孩子出于好意却做了坏事，造成比较大的损失时，应该告诉孩子："谢谢你的好意，但是你的方法错了，结果让父母非常伤脑筋，以后应该这样……"

我们可以看看下面案例中是怎样做的。

有位叫大卫·柯珀菲尔的医学家，当记者问他为什么比一般人更有创造力时，他回答，这与他两岁时发生的一件小事有关。

有一次他尝试着从冰箱里拿出一瓶牛奶，因瓶子很滑，他一失手，瓶子掉在地上，牛奶溅得满地都是——像一片牛奶海洋。

他的爸爸来到厨房，并没有对他大呼小叫、教训或惩罚他，他说："哇，你制造的混乱可真棒！我还没见过这么大的奶水坑。牛奶反正已不能喝了，在清理以前，你要不要在牛奶中玩几分钟？"

他的确这么做了。几分钟后，他的爸爸说："你知道，每次当你制造这样的混乱时，最好还得把它清理干净，你想这样做吗？我们可以用一块海绵、一条毛巾或一只拖把，你喜欢哪一种？"他选了海绵，于是他们一起清理打翻了的牛奶。

之后，他爸爸又说："如何用两只小手拿大牛奶瓶，你已经做了一个失败的实验。来，让爸爸把瓶子装满水，看看怎样才能拿得动它。"小男孩很快就学会了，用双手抓住瓶颈，就可以拿住它不会掉。

其实，孩子犯错是很正常的。面对孩子的错误，如果父母不注意教育方式，不分青红皂白地批评、责骂、惩罚，不但不能让孩子改正错误，相反会使孩子形成胆怯、退缩或者是叛逆、攻击等不良心理。所以，包容孩子的过失,以平静的心态对待孩子的过失,才是最好的教育方法。

当然,包容并不等于是什么都不管,一味的宽容,有的时候,父母还是要积极的教育和引导,看看下面这个例子:

有一位爸爸,发现孩子刚上一年级时,就将别人的玩具长期拿回家里玩,自认为这是孩子好奇、贪玩,是小事一桩。后来他又发现孩子和其他人去人家果园里摘水果吃,这时他又认为在酷暑的盛夏,孩子口渴了,在上学回家的路上顺手摘了别人的杨桃,不能算偷。这位爸爸对上面两件事并未放在心上,从不加以过问。结果,孩子上三年级后因偷钱包被公安人员抓获时,爸爸才追悔莫及,并真正悟出了"从小偷针,长大偷金"的道理。

有些爸爸发现孩子有过失行为时,既不批评教育,也不查明原因,认为这是爱护孩子的行为,是解放思想、不束缚孩子手脚的表现。其实,这是对孩子的溺爱、迁就,是会把孩子惯坏,甚至造成严重后果的。

有位外出回家的父亲,发现孩子一连5天没有去上学,火冒三丈。但做母亲和奶奶的,为了不让孩子挨打受骂,竟编造说:"孩子不上学是因为身体不好,这是我们同意的。"这样,致使孩子越发大胆地逃学,学习成绩一落千丈。这时其奶奶和妈妈才了解到孩子经常逃学去逛街、玩电子游戏,无心向学,后悔当初不该包庇、怂恿孩子逃学。

如果父母对孩子的错误袒护、怂恿,将会使孩子在错误的泥坑里越陷越深。

有些父母,尤其是父亲,脾气比较暴躁,对犯了错误的孩子采用粗暴、急躁、鲁莽的方法,动辄打骂训斥、罚站罚跪、恐吓赶跑等。其实,这种教育手段是不科学的。虽然,有的孩子通过打骂后,会乖一点,但实际是他迫于一时的压力,过后不久终会原形毕露。有的会产生畏惧、对立情绪;有的会胡思乱想,日趋消极;有的为了避免父母的打骂、体罚,千方百计欺骗父母,说假话,隐瞒自己的错误,甚至离家出走、轻生等。

对于孩子的过失行为,父母不能操之过急,既要了解情况,弄清真相,进行批评教育;又要有宽容的态度,给予时间,让他们反省思过,允许其犯错误,允许其改正错误。同时,还要做耐心细致的思想工作,热情地帮孩子认识错误的危害性及如何加以改正。

3. 不要轻易给孩子许诺

许诺,是父母在教育孩子经常采用的一种方法,尤其是当孩子还比较小的时候。但许诺是父母与孩子双方之间的,有的父母对孩子的许诺,如有的孩子学习成绩差,父母要求孩子考试成绩达到一定的分数,就给予以奖励。事实上,父母应该记住,许诺一定要得当,适当的许诺能调动孩子的积极性,相反,则危害无穷。下面这个案例,就是因为父母对孩子的允诺迟迟得不到兑现而打消了孩子的积极性。

有一个叫阳阳的小男孩,还在读小学一年级。之前,阳阳的爸爸答应他,只要能考"双百"就带他去大连玩。可当学校公布成绩,阳阳真的拿了"双百",他欢天喜地地回家,要求爸爸实现"只要考了'双百'就带他去大连玩"的许诺时,他爸爸却说:"工作忙没时间。"因此,阳阳非常生气。之后,阳阳还向他的小朋友抱怨,我爸爸说话一点也不算数,答应我了,现在却兑现不了自己的承诺。

暑假时,阳阳的爸爸要他参加书法学习班,可阳阳振振有词地反驳说:"你答应的事都不干,我为什么就一定要按你说的做。"

听到孩子说这样一句话,我们是不是大吃一惊呢?这就是因为父母不遵守承诺而导致的。因此说,父母不要随便给孩子承诺,即使承诺也应该量力而行。当孩子提出的要求令自己感到为难时,不可轻易答应,要把握一个尺度。千万不要为了解除一时的危机,而随口答应孩子的要求,那样就会适得其反。

教育孩子要诚信,父母自己首先要诚信。以诚信培养诚信,其道理是不言自明的。要纠正孩子的不守信用,爸爸首先要做到言行一致。

孩子的模仿能力很强,很容易受到某种行为的暗示。如果父母言行不一,不履行承诺,孩子就会受到暗示,跟着模仿。例如,父母如果答应了孩子星期天带他到公园去玩,就一定要去。如果临时有事,也要先考虑事情重不重要,若不重要,就要坚守诺言;如果事情确实比较重要,一定要向孩子说明情况,并争取以后补上去公园的活动。而且,应该尽量避免这种推迟或失约的事情发生,这样才能取信于孩子。

我们来看一下古代思想家曾子教子的故事:

曾子是我国著名的思想家。有一次,他的妻子要出门,儿子要跟着一起去。她觉得孩子跟着很不方便,想让孩子留在家里,于是对儿子说:"好儿子,你别哭,你在家里等着,妈妈回来杀猪给你炖肉吃。"儿子听说有肉吃,就答应留在家里。曾子把这一切看在眼里,记在心里。

当曾子的妻子回到家时,看到曾子正在磨刀,就问曾子磨刀做什么。曾子说:"杀猪给儿子炖肉吃。"妻子说:"那只是说说哄孩子高兴的,怎么能当真呢?"

曾子语重心长地对妻子说:"你要知道,孩子是欺骗不得的。如果父母说话不算数,孩子长大后就不会讲信用。"于是,曾子与妻子一起把猪杀了,给儿子做了香喷喷的炖肉吃。

父母的这种诚信行为直接感染了儿子。一天晚上,儿子刚睡下又突然起来,从枕头下拿起一把竹简向外跑。曾子问他去做什么,儿子回答:"我从朋友那里借书简时说好要今天还的。虽然现在很晚了,但再晚也要还给他,我不能言而无信呀!"曾子看着儿子跑出门,会心地笑了。

对于妻子答应孩子的话,曾子实现了许诺,为孩子作出了榜样,才使得孩子也知道答应了别人的事情,一定要做到,把书还给朋友。

我们都说,父母是孩子最好的老师。因此,父母要在子女面前做好表率,通过言传身教,教育和指导孩子从小树立诚信的思想,养成诚信的习惯。

在日常生活中,许多父母为了诱导孩子做某件事,总是轻易地许诺孩子某些条件,但是事后却没有兑现。孩子的希望落空后,就会发现父母在欺骗自己,他就会从父母身上得到一些经验,那就是不守信的许诺是允许的,大人的言行也经常不一致的,说谎是允许的,等等。一旦这些经验转化为孩子说谎的行为时,父母恐怕要后悔莫及了。

在培养孩子诚信的过程中,营造诚信的家庭氛围是相当重要的。如和孩子玩"拉拉勾"的游戏时,教育孩子说话要算数。给孩子讲《狼来了》等故事时,要一同分析故事中人物的对错,用讲诚信的情节激励孩子。当孩子说谎时,应引导孩子承认和改正错误,并及时鼓励他:"我相信你以后不会说谎了。"这样孩子会更加懂得理解、信任别人,树立诚信观念。

同时,作为父母也要争做诚信的表率。父母要以身作则,以良好的言行为孩子树立榜样。

父母的职责是,教育孩子答应别人的事一定要兑现,如果经过再三努力,仍没有做到,就应该诚恳地向对方说明原因,并表示歉意。最重要的是,教育孩子在答应别人之前一定要慎重考虑,认真考虑自己有没有能力做到,要量力而行。如果自己没有能力做到,就不要轻易答应。如果自己有能力做到,也应该留有余地,不要轻易夸下海口。这样,孩子在答应别人时,就会有章可循,起到一定的规范作用。

进行诚信品质教育,需要父母借助实例、故事的形式讲给孩子听,让孩子明白诚信对一个人来说是非常重要的,不诚信会带来什么恶果,诚信会有什么收获。诚信自有它的报偿。如果你的孩子付出诚信,他就会收获信赖;如果你的孩子付出虚伪,他就会得到欺骗。

当然,诚信品质的教育必须从小时候培养,坚持不懈。父母应该教导孩子从小就做一个诚信的人,要始终如一地要求孩子,教导孩子出现缺点和错误时要勇敢承认,接受批评,绝不隐瞒。父母可以读一些强调诚信重要性的书籍,给孩子讲一些名人诚信正直的故事。针对社会上那种坑蒙拐骗的行为,父母要态度鲜明地进行批判,要让孩子坚信,这种弄虚作假的行为是必将受到惩罚的。这样,孩子长大以后才能成为一个光明磊落的人。

父母对孩子的守信,要从小事做起,学会不随便给孩子承诺,承诺必须视自己的能力量力而为。若是对孩子许下承诺,就要排除困难,实现诺言。千万不要以"利诱"孩子的方式处事。

要孩子达到他们能力可达的目标,比如孩子哭闹,要了解哭闹的原因,或许是孩子的情绪发泄,或是身体不适,不要随便答应孩子的要求。如不哭就买玩具等。如果父母随便许下承诺,会养成孩子予取予求的习惯,不会体会父母是否能达到他的要求。如此,以后再怎么不合理的要求,孩子也敢提出来。

所以言行一致,一定要在合理、合情及合乎父母的能力下,才能达到教育的效果。

为了使许诺能起到更好的鼓励作用,父母对孩子的许诺要注意以下几方面:

一是不要轻易地许诺:有些事情是孩子应该做的,而且容易做到的,就不需要附加任何条件,如不睡懒觉,不肯吃饭等等。另外,若孩子提出的要求,父母无法办到,那么就不应给予许诺。

二是如果许诺就一定要兑现:父母说话要讲信用,不要哄骗孩子。否则,不仅会使孩子感到失望,也会降低父母在孩子心目中的威信,使这种教育方法失去效用。

三是许诺应随着孩子年龄的增长逐渐减少,因为年龄小的孩子,控制能力差,许诺可以多些,随着孩子年龄的增长,有较好的自控能力,许诺次数可以逐渐减少。

另一方面,父母也要要求孩子许诺,如孩子做错事,父母要求孩子向父母许下诺言说"以后保证改"。这样做当然可以,但更重要的是父母应该帮助孩子分析事情的性质及危害性,使孩子的许诺能真正地兑现。

4. 爸爸错了,就要勇于承认

在孩子面前,爸爸是高大的,但并不是完美的。世上毕竟没有完人,爸爸也不可能做每件事都对。有些爸爸为了维护在孩子面前的面子,故意摆出架子不向孩子认错,或者找个借口为自己的错误开脱,让孩子觉得自己并没有错。其实,这并不是明智之举。

当爸爸在孩子面前犯错后,也要勇于承认,并适时地向孩子道歉,这样不仅不会在孩子面前丢了面子,反而能赢得孩子的尊重和信任。相反,如果不向孩子承认自己的错误,那么孩子就会在潜意识中认为"爸爸虽然看起来是对的,但其实老犯错误"。久而久之,孩子对爸爸提出的观点和要求也会产生质疑,甚至不再重视。那么以后爸爸对孩子的教育,也就变得难上加难了。

周末,方小雨和爸爸一起去书店买书。在书店的墙上"禁止吸烟"几个大字很醒目,但是在小雨选书时,爸爸却在小雨的身边吸烟。小雨就对爸爸说:"爸爸,这里的墙上写着不让吸烟的,我刚才进来的时候都看见了。"

爸爸说:"没事,现在这里没有工作人员,没人管。我就抽一根。"

小雨又问:"那是不是只要没人管,我们都可以不用遵守规则?"

爸爸听了小雨的话,觉得自己的做法可能会给小雨带来不好的影响。于是赶紧掐灭烟,主动对小雨说:"是爸爸不对,爸爸应该遵守这里的规定。爸爸错了,希望你以后监督爸爸。"

小雨听后笑着说:"爸爸,老师说到哪里都应该遵守规定的。你知道错了就行。"爸爸听后,感到有些不好意思,他没想到自己认错还得到了女儿的夸奖。

做错事后向孩子道歉,并不是什么丢脸的事。事实上,爸爸和孩子之间是平等的。如果孩子犯了错,爸爸肯定是希望孩子能认错的;同样,爸爸错了,也应该主动选择认错。这样,孩子也会更加尊重和信任爸爸。同时,爸爸的道歉,其实也是对孩子尊重和爱的体现。

所以,爸爸们如果想在孩子面前保持"威信",犯错后最好能向孩子主动说"抱歉",此时孩子也会很真诚地谅解爸爸。相反,爸爸为了面子死不认错,反而更容易丢掉自己的面子,让孩子轻视爸爸的言行。

作为爸爸,都希望自己的孩子是一个诚实的人,不会说谎。所以,几乎所有的爸爸都会教育孩子,犯了错误,要勇于承认,敢于承认,不要为自己找各种借口。可是,有一个通病现象就是,很多爸爸自己错了,却不愿意在孩子面前承认,尤其是在曲解、误解了孩子的时候,或错误地批评了孩子时,不愿意直接、正面地向孩子承认错误,向孩子道歉,害怕向孩子道歉,承认了自己错误,就会在孩子面前没了尊严,没了威信。

事实上,当事情结束之后,再来思考这个问题时,很多爸爸都是自己在心里暗暗后悔或自责。有的爸爸会通过给孩子买好吃的来弥补,或答应孩子一个本来不太合理的要求表示歉意。但是,这种道歉的方式,只能说是一种变相的方式,或者说是一种弥补,并没有对孩子明确表示什么。经常如此,孩子也就抓住了爸爸的弱点。其实,在心灵上,孩子与大人是平等的,孩子更需要抚慰,需要激励,这种精神关爱的价值远远大于物质的!

请看下面这个案例:

一天,乔乔的爸爸看到书橱被翻得乱糟糟的,地上满是书,乔乔正坐在地上翻书,他很生气,就想当然地认为是女儿乔乔翻乱的。于是,对着乔乔就批评一通。乔乔也生气了,她不承认是她翻的,她说一进来时就这样,听到这,乔乔的爸爸就更火了,对乔乔说:"错了还不肯承认"。于是,就命令乔乔半小时内把地上的书整理好。

乔乔很委屈的样子,气呼呼地开始收拾书。乔乔的爸爸这时离开了房间,想给乔乔独处的时间,冷静一下,好好反省自己。一小时后,乔乔的妈妈从外面回来,把事情一说,才知道,原来是乔乔的妈妈弄乱了书橱。乔乔的爸爸误会了女儿。这时,乔乔的爸爸为自己的言行不妥有些后悔,他赶紧跑去看女儿。但乔乔已经整理好了书,就是不肯理他。他说:"宝贝,爸爸错怪你了,书是你妈妈弄乱的。"可他马上又为自己找借口:"我进来时妈妈不在,就你在房间,所以我会认为是你。"女儿显然对这样的话不满意,他心理很矛盾。

经过一番思考后,乔乔的爸爸还是鼓足勇气对乔乔说:"宝贝,对不起,爸爸不了解清楚,就批评你是不对的,现在向你道歉。"这时,乔乔的脸开始由阴转晴,乔乔的爸爸继续说:"我和妈妈还要谢谢你整理好了书,妈妈搞乱了书,还害得我俩误会,你来想个办法惩罚她一小下,好不好?"这时乔乔终于笑了。

过了一段时间,乔乔的爸爸再问乔乔:"如果爸爸不道歉,你会怎么办?"乔乔说:"爸爸错了可以不道歉,我错了以后也不道歉。"

经常是这样,爸爸在孩子心目中是主导地位,孩子总是把爸爸当成榜样,并且时时处处仿照爸爸的样子去做。爸爸做错了事,敢于向孩子认错,其实,不仅不会伤害爸爸的"尊严",反而会使孩子感到爸爸更加可亲,更有利于维护爸爸的"长者形象",也给孩子做出了榜样,有错就改,知错能改。

爸爸凡是要求孩子做到的,首先自己也应该带头去做,认真做好。当爸爸违背了自己说过的事,敢于向孩子承认错误,做检讨,孩子就会感到爸爸的说教真实可信,不是居高临下的骗人把戏,而是使孩子自觉自愿地按爸爸的要求去做,同时也激励孩子勇于承认错误,改正缺点。

我们回想一下,有时可以听到孩子这样的反问:"你不是说应该怎么的吗?"、"你不是说不能这样吗?"每当这个时候,当爸爸的就要主动反思,错了就赶快向孩子认错,千万别遮遮盖盖。

如果孩子看爸爸向自己认错,就会产生一种"平等"的心理,感到爸爸把自己当成大人看待而激发一种"自我约束,自我限制"的自觉性,就会觉得爸爸不仅可敬,而且可爱可亲。这样,孩子的心里话自然愿意和爸爸说,有事自然愿意跟爸爸讲。

5. 随时随地进行爱心教育

爱心教育是让孩子受益一生的教育，一个充满爱心的人，会更加自信、更加快乐。现在的孩子，都是在爱的呵护下长大的。孩子在爱的环境中获得安全感、满足感，获得激励和信任，能促进身体的健全发展。但遗憾的是，这些饱受爱意滋润的孩子往往缺乏爱心，少数孩子甚至缺乏情感，没有同情心，心中根本没有其他的人，这对孩子将来的人际交往，社会适应性，个性的发展都是极为不利的。

作为孩子的父亲，要给孩子爱心教育，首先自己的内心要充满爱，这样才有多余的爱给别人，才能培养引发孩子内心的爱。

作为父亲，应该让孩子理解，无附加条件地服务、帮助他人，就是不要任何回报的服务和爱的给予。父亲的职责就是把孩子变成和你一样的人，让孩子通过自己的努力尽力成为最好最受欢迎的人。那么，父亲应该怎样让孩子分享这份爱心呢？下面这个情景也许会给你带来一些启发。

有一次，一位父亲带孩子去公园玩，坐下来休息的时候，他给孩子买了一些果冻。这时，他注意到旁边有一个小女孩，也坐在那里休息，她妈妈可能是有点事，暂时离开了。他看到小女孩用渴望的眼神看着他的孩子吃果冻。于是，他就对他的孩子说："豆豆，给这位小妹妹吃点果冻好不好啊？"

"不，我自己要吃。"豆豆不同意。

于是，他继续耐心的对她说："豆豆，要是爸爸有事情不在你身旁，而这位小妹妹在吃果冻，你想不想吃啊？"

"想,"豆豆毫不犹豫的说道。

"这就对了,现在你把果冻给小妹妹吃,等到下次爸爸不在你身旁的时候,那位小妹妹也会把东西给你吃的。"

豆豆看看他,又看看那位小妹妹,终于拿了一些果冻给那个小女孩吃。

在此情景中,这位父亲很好的对孩子进行了爱心教育,使孩子学会了体贴别人,关心他人。有了这种爱心,并延续下去,孩子将来肯定能成为一个受人喜欢的人。

给孩子一颗爱心,一个快乐的人生。作为父亲,应该把孩子的爱心教育放在第一位,并能在平常的生活中积极引导、重点培养。以下几种方法,可以提供给父亲们参考:

第一,抓住时机,悄悄地教育

每个孩子都会偶尔有一些缺乏爱心的表现,这是因为在成长阶段,孩子身心发育不完善的原因。因此,当出现不友好行为的时候,作为父亲,要当机立断地制止孩子,可以把孩子抱走、转移注意力、或者与孩子讲道理,商量解决办法等方式制止这种不适宜的行为。然后找一个没人的地方,悄悄地告诉孩子在哪些地方错了,应该怎么做。这个时候,孩子虽然小,有不懂的地方,但孩子也有自尊心,在批评孩子的同时,要注意维护孩子的自尊心。

第二,强化友好行为

在日常生活中,要注意观察孩子的表现。如果发现孩子的友善行为,作为父亲,就要及时地拥抱或赞扬孩子,或给予一些小礼物鼓励他。受到鼓励的孩子下次会比较容易再次出现类似的行为,让孩子的这种友善的行为形成一种习惯。

第三,利用节日对孩子进行爱的教育

如,当教师节的时候,教孩子参与自制贺卡的活动,让孩子亲自把贺卡交给老师；当"三八妇女节"的时候，教育孩子帮妈妈做一件小事，让孩子知道妈妈工作的辛苦；当重阳节的时候，和孩子带着礼物看望老人，让孩子明白今天的幸福生活是长辈用血汗换来的，平时要学会体谅父辈的艰辛，要尊敬长辈的艰辛，使孩子从小养成尊老、敬老的良好品德。

第四，让孩子热爱生物、关爱生命

让孩子与大自然的花草、植物、动物和谐相处，让孩子学会爱护花草，爱护小动物。作为父亲，可以多带孩子到植物园、郊外走走，一起领略大自然的美感，让孩子在轻松愉快中培养爱心。

曾经有人说："孩子的爱心是稚嫩的，你在乎它，它就会长大；你忽视它，它就会枯萎；你打击它，它就会死去。"如果你想拥有一个富有爱心的孩子，那就必须在平常的生活中培养它、呵护它。

有时候，父母由于工作忙或其他原因，对孩子表现出来的爱心视而不见，或训斥一番，把孩子的爱心扼杀在萌芽之中。我们常常会碰到这样的情况，大家都会不自觉的说出这样的话。比如，孩子为刚下班的爸爸倒了一杯茶，爸爸却着急地说："去去去，快去写作业，谁用你倒茶。"再如，有个小孩蹲在地上帮一只受伤的小鸡包扎，小孩的妈妈生气地说："谁让你摸它了，小鸡多脏呀！"就是这样的情形下，孩子的爱心慢慢地被父母剥夺了。事实上，在很多情况下，父母并不知道自己的行为会在不经意间伤害或剥夺孩子的爱心。

看完下面几个例子，也许你能明白应该如何去保护孩子的爱心。

有一位父亲，带着10岁的女儿走在路上。在路旁，有一个带着孩子的女乞丐。女乞丐30多岁，披头散发、满脸污垢，身上破衣烂衫，孩子也是脏兮兮的，好像刚从泥里爬出来。她们正在给过往行人磕头，面前放着一个小碗，希望能够得到别人的施舍。

那女孩看见了，不假思索，快步迎上去，掏出自己的零用钱，要丢到乞丐碗里。可那位父亲阻止了,并且问那女乞丐,为什么好好地不出去干活,却要接受别人的施舍?女乞丐很干脆地说,因为没人带孩子,反正乞丐挣的钱比在外面劳动赚得多。说完马上又磕起头来,生怕影响她的"生意"。

于是,女孩子对爸爸说:"我真的很想帮助那个小妹妹,我觉得她好可怜,你这样阻止我实在太不应该了,你说,我该不该帮助他们呢?"望着孩子脸上的疑惑,他茫然了,要知道,当孩子们纯洁的爱心遭遇欺骗时,只会给未来的她带来冷漠,至少,不再轻易相信别人。

于是,孩子的父亲一边走,一边给她讲《小蜜蜂》的故事,听完后,女孩高兴地对他说:"爸爸,我知道了,幸福要靠劳动创造,不能靠别人的施舍。"回到家,女孩的父亲还特意到网上搜索了一些儿童失学的图片,让孩子真实感受到在我们身边,有需要我们关心、帮助的人。孩子问,中国真有这么多贫穷的孩子吗?他们真的上不起学吗?当她听到,有些地方的家庭一年可能还赚不到一千元时,孩子更是惊讶:怎么可能?爸爸一天抽烟都要抽掉几十元呢。

孩子的爱心是纯洁的,当她看到这一切,表示要节省自己的零花钱来帮助他们。还将自己的学习用品,以及她的零用钱,将它们捐给了贫困的孩子。女孩还说自己生活在优越的环境里,一定要珍惜美好的学习机会,长大成才,可以帮助更多需要帮助的人。

还有一个例子:

一位父亲用存了很久的钱买了一部新车,他非常爱惜这部车,每天都精心地清洗它。他5岁的儿子总是跟着父亲一起清洗,父亲也为有这么一个体贴的儿子而备感欣慰。有一天,父亲忘了清洗这部新车,尽管上面很脏。儿子知道父亲很累了,便想背着父亲一个人把车洗完。但他怎么也找不到抹布,他想到了母亲平时刷锅的钢丝刷子,于是走进了厨房。但当他刷完以后，发现车子上面出现了很多花纹，他忙去找来父亲，边哭着向父亲道歉，父亲看见自己的新车被儿子刷成这样，心痛得不得了，但他也很爱他的儿子。于是，他气得走进了房间，跪在地上祷告："上帝啊，我该怎么做？那是我新买的车，我该怎么惩罚我的儿子呢？"一会儿，父亲走出房间，把正坐在地上哭泣的儿子拥到怀里："傻孩子，谢谢你帮爸爸洗车，爸爸爱车，但更爱你。"

这位父亲，没有因为他心爱的车被儿子洗坏了，而痛斥、惩罚他的孩子，保护好了这个孩子的这片爱心。相反，倘若这位父亲打骂这个孩子，我们可以想象，那个孩子以后再也不敢主动去做什么了，在他幼小的心里，他的这份爱心也许会受到沉重的打击，甚至留下阴影。犹太人说过，切勿威吓孩子：要么罚他，要么饶他……非打不可，就使用小草一棵。对孩子的惩罚要看他本心的初衷，即使他的初衷是错误的，而导致他错误的行为，也不要像对待成年人一样对待他，因为他毕竟是孩子。

所以，在平时的生活中，父亲应注意对孩子一点一滴的培养，一言一行的引导。关注孩子，培养孩子的爱心，保护爱子的爱心，那仁慈博大的爱心，就会在孩子心头扎下根，并会随着孩子的成长而不断扩展和升腾。

6. 让孩子学会社交

交往是发展孩子社会性的一条重要途径。孩子只有在与同伴、成人的友好交往中，才能学会在平等的基础上协调好各种关系，才能正确地认识和评价自己,形成积极的情感,为将来正常地进入社会、更好地适应社会生活打下基础。因此,让孩子学会交往是现代爸爸义不容辞的责任。

"近朱者赤,近墨者黑。"环境对孩子的成长和成才有着重要的作用。让孩子多和优秀的同学接触,和他们交朋友,孩子就能从他们身上学到更多优秀的品质和能力,这对提高孩子说话办事的能力有帮助。相反,如果孩子不慎交上了不好的朋友,那么他就容易出问题。

李强和陶峰是同班同学,因为有相同的兴趣——踢球,所以接触较多。李强原本成绩不错,但是在贪玩的陶峰的影响下,他慢慢地变得经常迟到、早退,有时候甚至逃课。起初,李强只是和陶峰交往,但慢慢地,李强认识了陶峰的很多朋友,而那些人基本上都是流里流气、喜欢抽烟、不爱学习的人。

就这样,李强开始退步,他学会了上网打游戏,学会了抽烟,学会了很多不良的习惯。原本李强在班里的人际关系不错,但是现在大家见他厌倦学习、不思进取,就相继远离了他,李强就这样慢慢地孤单起来。

如果孩子和品德不好的孩子交朋友,那么对他来说无异于灾难。人们常说,看一个人可以先看他的朋友是什么样的人。如果孩子和品德不好的人交朋友,别人一看他那些朋友,就知道他也不是个好孩子,这样就会影响他的人际关系。

同样的道理,如果孩子和优秀的同学交朋友,那么他首先会给周围的人一个较好的印象,其次他还能从优秀的同伴的身上学到很多优点,有更多的机会提高说话和办事的能力,当他遇到困难时,他还能从那些优秀的朋友那里获得帮助。

人际关系虽是一种错综复杂的社会现象,但其存在和发展是有规律可遵循的。为了培养孩子良好的人际关系,就要让他了解和掌握如下几

点处理人际关系的基本原则:

(1)择善原则

要告诫孩子,建立和发展人际关系时,不能盲目从事,而要有所选择地进行。不仅要"择其善者而从之,择其不善者而弃之",而且要"两害相权,取其轻;两利相权,则取其重"。善,就是指对社会、对他人、对自己无害或有益的人及其关系。在建立和发展人际关系时,首先要考虑自己与交往对象相互需要是否有益于社会、有益于他人。如果是有益的,就采取积极态度;如果是有害的,就要坚决放弃。

(2)调衡原则

要让孩子学会协调平衡各种人际关系,使之不相互冲突与干扰。一个人的精力和时间是有限的,建立人际关系的目的是为了满足需要,不能过多或不足。过多则忙于交往,影响自己的正常生活和学习;不足则会使自己陷于孤独苦闷,导致信息闭塞、孤立无援,使自己减少了发挥能力的机会与范围。所以,要经常协调平衡人们需要与时间、精力之间的关系。

(3)积极原则

要引导孩子,在人际交往行为中要主动,态度要热情。即待之以礼,晓之以理。如在日常生活中,对来拜访的客人和同学,一请坐,二倒茶,三交流,四送出。在态度上主动认真,才有利于加强彼此了解,密切关系。主动的作用还表现在文明礼貌的语言中,表现在热情的交往态度上。热情比任何暴力更容易改变别人的心意,没有热情,人际关系就会变得冷漠,暗淡无光。

(4)真诚原则

真诚是做人的基本要求,也是人际交往的基本原则,要以诚相待。信息反馈原理告诉我们:有良好的信息输出,才能有良好的信息反馈,实现人与人之间的心理交融。真诚是一种传统美德,"精诚所至,金石为开","良药苦口利于病,忠言逆耳利于行","心诚则灵",这些都是对真诚及其作用的高度评价。

(5)理解原则

这一原则主要是指关系双方在人际行为中互相设身处地、互相同情和谅解。只有相互理解,才能心心相通,才有同情、关心和友爱。古人说:"人之相识,贵在相知;人之相知,贵在知心。"关系主体双方要互相了解对方的理想、抱负、人格等情况;了解彼此之间的权利、需要、义务和行为方式。要相互体谅、互相包涵,不斤斤计较、吹毛求疵。要善于"心理换位"思考。这样,不管在平常交往,还是在人际双方发生矛盾、产生冲突时,都能妥善处理好。

(6)守信原则

这就是要求我们在人际关系中讲求信用、遵守诺言。守信是处事立世的根本。

要时刻提醒孩子,在生活中要努力做到"言必信",说真话,说话算数;要"行必果",遵守诺言,实践诺言。在交往中,要不轻诺。不轻诺是守信的重要保证。此外,还要严守对方的秘密,不炫耀和披露大家不知的隐私,也不要依据自己的臆想来推测对方如何如何。这样,才能赢得别人的长久信赖。

(7)平等原则

在生活中,要尊重他人的自尊心和感情,不干涉他人的私生活,人格平等。在交往中,情感对等、价值对等、地位对等、交往频率对等。如通信交往,次数基本对等;朋友之间,彼此拜访大体对等。像对待朋友那样平等地对待交往对象,寻求相互认识、相互理解的方法,关心、体谅、理解他人。

(8)相容原则

相容,即宽容,是指宽宏大量、心胸宽广、不计小过、容人之短、有忍耐性。要告诉孩子,相容不是随波逐流,不讲原则。容人正是为了把原则性与灵活性有机结合起来,以便更好地达到自己的远大目标。为了做到宽容,就要有谦让精神,做到有理也让人;要将心比心,"己所不欲,勿施于人";要大事清楚,小事糊涂,要严于律己,宽以待人。

(9)适度原则

适度也就是说在人际交往中的一切行为都要得体,合乎分寸,恰到好处。这是人际交往中最重要的一个原则。过与不及,皆为不妥。如自尊、自我表现、忍让、诚恳热忱、信任他人、谨慎、谦虚、交往频率、言谈举止等都要适可而止。

7. 文明礼貌是孩子的"身份证"

"礼"作为一种具体的行为来讲,就是指人们在待人接物时的文明举止,也就是现在所说的礼貌。

礼貌是社会交往中的行为规范,也是人们个人修养的体现。如果缺少了礼貌,一个人会被别人视为缺少教养而被排斥,甚至惹出不愉快的事情来。"有礼走遍天下,无理寸步难行。"从这个意义上讲,没有礼貌的人是举步维艰的。

礼貌是人们的道德准则,是人与人相处的规矩。心理学家认为,礼貌归根到底是习惯的问题。一个不懂礼貌的孩子很可能会成长为一个不懂礼貌的大人,而不懂礼貌会使他在社会竞争中处于劣势,在工作中很难获得同事的尊重和友好协作,在生活中也不易获得友谊和自信。所以说,要使孩子成长为有所作为的人,父母就应该教孩子从小懂礼貌、讲文明。

但遗憾的是,礼貌常常被不少爸爸视为小节而忽视。在现实生活中,有些爸爸却认为,现代社会是个自由的社会,懂不懂文明礼仪没关系,只要学习好、有真本事就行了;也有些爸爸认为,小孩子天真无邪,长大了就会懂得文明礼仪的。其实,这些都是误解。

文明礼貌是孩子做人的"身份证",是孩子随身携带的"教养名片"。一个有教养的孩子必然有良好的文明礼仪,这样的孩子比较受人欢迎,也就是心理学上所说的"被众人接纳的程度高"。礼貌要从小培养,否则就会形成坏习惯,一旦形成坏习惯,再改就很难了。只要爸爸们从思想上认识到这个问题的重要性,并在生活中给孩子以正确的引导,就一定能够培养出讲文明、懂礼貌的孩子。

高妙是一个小学五年级的学生,性格比较内向,不爱说话。有一天放学,高妙的爸爸去学校接她,在校门口,父女二人与某位老师模样的人迎面相遇。老师略微一怔,走了过去。高妙告诉爸爸,刚才走过的是自己的数学老师。爸爸问道,为什么不和老师打招呼呢?

高妙回答说,数学老师是另一个班的班主任,只给他们代课,说不定不认识自己呢。

爸爸听后,耐心地开导孩子:见了老师应该有礼貌,要主动打招呼。老师即使还认不准你,你也记住尊重老师啊!

从这以后,每当再次遇到老师的时候,高妙都会主动打招呼,老师也夸她是个懂礼貌的好学生。

可见,培养孩子礼貌的行为,做父母的责无旁贷。只要从日常生活的点点滴滴入手,耐心地加以指导,自然会形成礼貌的行为习惯。

礼貌既是一种礼仪规范,也是社交技巧,更是人与人之间沟通的基础,培养孩子讲文明懂礼貌就是要使他们学会亲切、和气、文雅、谦逊地说话和做事；正确有礼貌地称呼人；热情地招呼客人；正确地运用礼貌语言；能有礼貌地处理生活中的一些事……相对来说，懂礼貌的孩子更容易被大家接受，成为一个有教养、受欢迎的人。所以，爸爸要从小培养孩子懂得礼貌的好习惯。

培养孩子文明礼貌的习惯，要从一点一滴做起。可以从以下几个方面入手：

给孩子树立文明的榜样。

古语说："己正而后能正人。"作为爸爸若要求孩子礼貌待人，首先自己要作表率，爸爸对孩子的影响最直接、最深刻。爸爸的身教是对孩子最生动、最实际的教育。爸爸应充分利用家里来客的有利时机提醒孩子，给孩子作示范，使孩子在亲身体验和实践中理解文明、礼貌、热情的含义，潜移默化地影响孩子，使孩子在耳濡目染中，逐步形成礼貌待人的品德。

训练孩子的礼貌言行。

如果孩子和长辈说话时没有使用敬语"您"，言语恳切地教导孩子，并教孩子练习说上几遍，直到孩子说正确了为止。这样做的目的是为了让孩子意识到和长辈说话应该讲礼貌、有礼节。当家中来了客人，爸爸应该要求孩子主动和客人打招呼，客人告辞时，要求孩子把客人送到门口或电梯口。

为孩子讲解待客的规矩。

爸爸要给孩子讲解待客的"规矩"，使孩子懂得一定的行为规范。如亲友来访时，听到敲门声要说"请进"；见了亲友按称谓主动亲切问好；拿出点心、水果等热情地请客人吃，不应显出不高兴的样子或独自去吃；当大人谈话时，小孩不应随便插话；小客人来，应主动拿出玩具与小客人玩；共同进餐的人未完全入席前不得动餐具自己先吃；客人离开时要说"再见"，并欢迎客人再来。

鼓励孩子直接参与接待。

每个家庭都会有客人来,父母要给孩子讲解待客的规矩,使孩子懂得一定的行为规范,比如亲友来访时,听到敲门要说"请进";见了亲友按称谓主动亲切问好,然后帮客人拿拖鞋、倒水、让座,如果大人之间有事要谈,孩子就主动回避,不能在一旁插话,缠着父母;有小客人来,应主动拿出玩具给小客人玩;进餐时,客人未能完全入席时不得动餐具自己先吃;客人离开时要说"再见",并欢迎客人再来。

当客人来时,让孩子直接参与接待,可以让孩子参与一些力所能及的待客活动,通过直接参与,不仅能满足孩子想要与客人接触的心理,还能使孩子待客的动作和技巧得到练习并逐步养成行为习惯。

帮孩子掌握必要的礼貌常识。

帮孩子掌握必要的礼貌常识包括两方面的内容:语言和行为。文明礼貌语言要求不说粗俗的话,日常用语包括"你好"、"早上好"、"见到你非常高兴"、"欢迎光临"、"晚安"、"再见"、"欢迎再来"、"对不起"、"没关系"、"谢谢"、"请"等。

文明行为包括见面或分手时打招呼、握手,与人交谈时眼神、体态和表情要体现出对对方的尊重。与别人说话的时候要用眼睛看着对方,这也是一种礼仪,如果与别人说话眼睛却看着旁边,则是一种不礼貌的行为。

第四章

创造机会,鼓励孩子自强自立

1. 让孩子拥有自主选择权

人的一生,也就是选择的一生。在我们短暂而又漫长的一生中,无时无刻不处于选择或被选择的状态中。选择是一种能力,这种能力应该从小培养。在人生的十字路口,谁能够理性地作出选择,谁就掌握了人生的命运。

因此,当孩子有了自己的主见,而且表示会对自己的选择负责的时候,爸爸一定要给予积极的支持。即使最后失败了,对孩子来说也是一次难得的经验的积累。而当这种经验积累到一定程度之后,何愁成功不会到来呢?

名震世界的男高音歌唱家帕瓦罗蒂,就是因正确的人生选择而极大地向人们展示了他歌唱方面的才华。

帕瓦罗蒂1935年出生在意大利的一个面包师家庭。他的父亲是个歌剧爱好者,他常把卡鲁索、吉利、佩尔蒂莱的唱片带回家来听,耳濡目染,帕瓦罗蒂也喜欢上了唱歌。

小时候的帕瓦罗蒂就显示出了唱歌的天赋。

长大后的帕瓦罗蒂依然喜欢唱歌,但是他更喜欢孩子,并希望成为一名教师。于是,他考上了一所师范学校。在师范学习期间,一位名叫阿利戈·波拉的专业歌手收帕瓦罗蒂为学生。

临近毕业的时候,帕瓦罗蒂问父亲:"我应该怎么选择?是当教师呢,还是成为一个歌唱家?"他的父亲这样回答:"卢西亚诺,如果你想同时坐两把椅子,你只会掉到两个椅子之间的地上。在生活中,你应该选定一把椅子。"

听了父亲的话,帕瓦罗蒂选择了教师这把椅子。不幸的是,初执教鞭的帕瓦罗蒂因为缺乏经验而没有权威。学生们就利用这点捣乱,最终他只好离开了学校。于是,帕瓦罗蒂又选择了另一把椅子——唱歌。

十七岁时,帕瓦罗蒂的父亲介绍他到"罗西尼"合唱团,他开始随合唱团在各地举行音乐会。他经常在免费音乐会上演唱,希望能引起某个经纪人的注意。

可是,近七年的时间过去了,他还是无名小辈。眼看着周围的朋友们都找到了适合自己的位置,也都结了婚,而自己还没有养家糊口的能力,帕瓦罗蒂苦恼极了。偏偏在这个时候,他的声带上长了个小结。在菲拉拉举行的一场音乐会上,他就好像脖子被掐住的男中音,被满场的倒彩声轰下台。

失败让他产生了放弃的念头。

这时冷静下来的帕瓦罗蒂想起了父亲的话,于是他坚持了下来。几个月后,帕瓦罗蒂在一场歌剧比赛中崭露头角,被选中于1961年4月29日在雷焦埃米利亚市剧院演唱著名歌剧《波希米亚人》，这是帕瓦罗蒂首次演唱歌剧。演出结束后，帕瓦罗蒂赢得了观众雷鸣般的掌声。

第二年，帕瓦罗蒂应邀去澳大利亚演出及录制唱片。1967年，他被著名指挥大师卡拉扬挑选为威尔第《安魂曲》的男高音独唱者。

从此，帕瓦罗蒂的声名节节上升，成为活跃于国际歌剧舞台上的最佳男高音。

当一位记者问帕瓦罗蒂成功的秘诀时，他说：我的成功在于我在不断的选择中选对了自己施展才华的方向，我觉得一个人如何去体现他的才华，就在于他要选对人生奋斗的方向。

孩子的成长过程是一个不断发展变化的过程。在孩子的成长道路上，会遇到许多十字路口，随时都要面临选择。自主选择是一种能力。爸爸要注意孩子这种能力的培养，它是建立在对自己负责的基础上的。尽管有的孩子年龄尚小，但也有自己独立的人格，孩子们的事应该由他们自己作出决定。如果爸爸能够把选择的权利交给孩子，尊重孩子的选择，孩子就会对自己负责。

然而，许多爸爸并没有意识到这个问题，依然我行我素地让孩子按照自己的期望去发展，给孩子造成极大的压力，结果可想而知。要知道，想要获得成功，其中的因素有很多，也很复杂，存在着许多机缘和变数，这些都不是人可以左右的。所以，人为地去控制或强行塑造孩子，不仅不会取得良好的教育结果，还会带给孩子巨大的伤害。

爸爸带孩子去美国朋友家做客，主人问客人喝点什么，爸爸回答说："啤酒。"然后，主人又问孩子喝点什么，未等孩子回答，爸爸抢先说："果汁好了。"主人很不理解："让孩子自己选吧。"孩子看到爸爸的啤酒，表示也要喝，爸爸光火了："你这么小怎么喝啤酒，真是不懂事！再吵就什么也别喝了。"

在美国人看来,孩子喝什么应该由孩子自己来选择,这是孩子的权利,爸爸绝不能越权代办。从教育的角度讲,让孩子学会选择,就是让孩子学会按照自己的意愿办事,发展自己的爱好、兴趣和特长,满足自己的心愿。即使孩子的选择是错误的,如未成年不能喝啤酒,也要向他说明,并给出其他选择,而不是像这位爸爸一样训斥。总认为孩子不懂事,一切需要大人包办,养成了孩子的依赖心理,使孩子失去了许多受教育、受锻炼的机会,也失去了学习的机会和了解社会的机会。

孩子终归要离开父母,开拓比父辈更广阔的发展空间。如果他们从小没有选择的权利,从未体验过选择的滋味,长大后就难以选择适合自己的发展道路,难以迎接各方面的挑战和竞争。因此,应该学会尊重孩子的意愿,让孩子自己选择,更有利于孩子的成长。

2. 责任是成长的第一步

所谓责任心,就是责任感,是一个人对他所承担的任务的自觉态度,包括对自己的责任、对他人的责任、对集体的责任和对社会的责任。

在一个雪天的傍晚,中士杰克先生匆忙地走在回家的路上。路过公园时,他被一个人拦住了:"先生,打扰一下,请问您是一位军人吗?"这个人看起来很着急。

"是的,我是。我能为您做些什么吗?"杰克急忙回答道。

"是这样的,我刚才经过公园门口时,看到一个孩子在哭。我问他为什么不回家,他说自己是士兵,在站岗,没有接到命令是不能离开这里的。和他一起玩儿的那些孩子都不见了,估计是回家了。"这个人说,"我劝这个孩子回家,可是他不走。他说站岗是自己的责任,必须接到命令才能离开。看来只能请您帮忙了。"

杰克心里一震,说:"好的,我马上就过去。"

杰克来到公园门口,看见那个小男孩在哭泣。杰克走了过去,敬了一个军礼,然后说:"下士先生,我是杰克中士,你站在这里干什么?"

"报告中士先生,我在站岗。"小男孩停止了哭泣,回答说。

"雪下得这么大,天又这么黑,公园门也要关了,你为什么不回家?"杰克问。

"报告中士先生,这是我的责任。我不能离开这里,因为还没有接到命令。"小男孩回答。

"那好,我是中士,我命令你现在就回家。"杰克对小男孩严肃地说。

"是,中士先生。"小男孩高兴极了,还向杰克敬了一个不太标准的军礼。

小男孩的举动深深地打动了杰克,这个孩子的倔强和坚持看起来似乎有些幼稚,但他所体现的责任和守信却是很多成年人都无法做到的。

责任心是一个人立足社会、获得事业成功至关重要的人格品质。现在许多父母都过多地注意孩子的智力和身体的发展,对孩子的责任心的培养却不大重视,这对孩子的成长不利。

责任心是孩子健全人格的基础,是能力发展的催化剂。只有具备一定的责任感,人才能自觉、勤奋地学习、工作,做各种有益的事情,掌握各种技能,孩子必须从小培养责任感,以便长大后能尽快适应社会,照顾家庭,完成本职工作,尽自己的责任和义务,从而成为优秀的人才。在大力提倡素质教育的今天,家长应该用自己的爱心、耐心和智慧去培养孩子的责任心。

郝佳自从星期天跟爸爸去了一趟植物园之后,就迷上了植物。她觉得那些娇艳的花儿是那么美丽。为了能够每天欣赏到这种美丽,郝佳请求爸爸给自己买一盆鲜花。

爸爸同意了郝佳的请求,周末时带她到花卉市场买了一盆茉莉花,并且告诉她:"你要照顾好这盆花,对它负责,要记得给它浇水施肥。"

郝佳痛快地答应了。开始几天,郝佳每天都会耐心地照顾这盆茉莉花,过两天就给它浇水,还会时不时地把花盆搬到太阳下面,让小花吸收阳光,并且还注意日照时间。

爸爸看到她如此有责任心,很是满意。可是一个月之后,爸爸发现郝佳给花浇水的次数越来越少了,甚至一周都不浇一次。郝佳似乎已经忘记了茉莉花的存在。结果,茉莉花没了往日的茂盛,叶子已经开始打蔫了。

又是一个周末,爸爸把郝佳叫到阳台,问:"你给花浇水了吗?"

郝佳低头说:"没有。"

"难道你忘记了我们买花的时候,你当初答应要好好照顾它,要对它负责吗?"

"我……"

郝佳不知道该怎么回答爸爸。

"你看,你对它不负责,这盆花的叶子都蔫了。"

郝佳不知道该怎么回答爸爸。

郝佳不再说话了,她立刻拿杯子接了一杯水,直奔小花而去。

以后,郝佳又开始像从前那样照顾这盆茉莉花了。没几天,茉莉花就恢复了以往的生机。

由此可见,责任心是做好一切事情的基础。有高度的责任心的人,能够出色地完成一件事情;如果没有责任心,就可能面临失败,就是对自己、对他人的不负责任。

作为家长,只有让孩子懂得了什么是责任,孩子才会认真去做好每一件事,才懂得去追求完美,追求卓越,才能体现他的能力和价值,才会使你的孩子每一天都过得很充实而有意义,使他的人生充满幸福和快乐。

1922年7月4日(美国国庆节)前夕,一个11岁的小男孩用某种方式得到了一些禁止燃放的爆竹,其中包括威力很大的掼雷。下午,他来到罗克河大桥旁,背靠桥边一堵砖墙甩响了一只掼雷。随着一声震耳欲聋的巨响,他正在洋洋得意时,一辆汽车驶过来,司机命令他上车。

"爸妈教导我不要上陌生人的车!"小男孩拒绝说。直到司机亮出了警徽,他才听命上车。

到了警察所,他被带去见所长,他认识那位所长,他经常和他父亲一起玩纸牌游戏。当然他希望得到宽大处理,但所长马上给他父亲打电话,把他的劣迹告诉了父亲。不论交情如何,父亲必须付12.5美元的罚金,这在当时可是一笔数目不小的钱。所长严格执行了禁放爆竹的规定。

事后,父亲知道了事情的原委,但父亲并没有因为他年龄小而轻易原谅他,而是板着脸深思老半天不发一言。母亲在旁"开导",父亲只冷冰冰对孩子说:"家里有钱,但是这回不能给你,你应该对自己的过失负责。这12.5美元是我暂借给你的,一年以后必须还我。"这件事迫使小男孩到处打零工偿还他欠父亲的债。

为了还父亲的债,他边刻苦读书,边抽空辛勤打工挣钱。由于人小力单,重活做不得,便到餐馆洗盘刷碗,或捡破烂,经过半年多的努力,终于挣足了12.5美元,自豪地交到父亲的手里,父亲欣慰地拍着他的肩膀说:"一个能为自己过失负责的人,将来是有出息的。"

后来那个小男孩参加总统竞选,并成功当选,他就是罗纳德·里根。

里根的父亲对里根的教育告诉我们,家长要教育孩子从小对自己的行为负责任,只要是孩子独立行为的结果,就要鼓励孩子敢作敢当,不要逃避责任,应该勇于承担后果。家长不要替孩子承担一切,这样会淡化了孩子的责任感。

孩子发生过失的时刻也可以称为教育孩子的"关键时刻"。如果处理不当,孩子也许会毫不在意,根本意识不到自己应负的责任,或者过于恐惧而导致精神崩溃;如果处理得当,孩子可能会吃一堑长一智,由此走向成熟,成为一个富有责任感的现代人。所以不论孩子有什么过失,都应该恰当地引导孩子,让他承担,这是现代父母的真正爱心。

3. 做孩子眼中的"英雄"

在孩子成长的过程中,父亲发挥的影响力是巨大的。父亲所做的每一件事,孩子都会看在眼里,而且都会在他的心里种下印象。当然,他还会效仿父亲的行为。所以,每一位父亲都应该注意自己的言行举止,尽最大努力做孩子眼中的"英雄",用积极的形象去影响孩子。

林浩的爸爸是一名退伍军人,身上有军人的很多气质,如果路遇不平,他都会挺身而出、拔刀相助。在林浩的眼里,爸爸简直就是正义的化身,是他心目中的超级英雄。

一天,林浩和爸爸乘公交车去办事。一个小偷把手伸进了一位老大爷的包,很多人都看到了这一幕,但没有人做声,也没有人出手相救。突然,林浩的爸爸一把抓住小偷的胳膊,说:"住手,你还是跟我到派出所吧!"小偷恶狠狠地威胁他,林浩可真是为爸爸捏了一把汗。很快,爸爸就把小偷制服了。大家都开始称赞爸爸,林浩的心里很高兴,暗暗地想:我以后也要做像爸爸那样的人,抓坏蛋。

爸爸对林浩说:"你以后也要见义勇为,不能让坏人得逞。但你要记得一点,千万不要为了帮助一个人而去伤害另一个人!你不要认为,什么事情都要靠武力解决,要善于运用你的大脑思考,用智慧解决问题。"

林浩听了爸爸的话,若有所思地点点头。有一次,班里一位女同学的头发被一位男生扯了。林浩知道后,就想去教训一下那个男生,但他马上想起了爸爸说的话,于是就改用另外一种方式,和那个男生去交谈,指出了他的错误在哪里。最后,男生向那位女生道歉,他们三人还成了很好的朋友。

爸爸知道这件事后,对林浩提出了表扬:"你做得很对。伸张正义,帮助弱小是对的。他欺负别人不对,如果我们也用武力去惩治他,那也是以强凌弱。所以不能好心办了坏事。爸爸很高兴,你能用智慧去解决这个问题。好样的!"

当孩子看到爸爸见义勇为时,就在心中种下了正义的种子,这本来是好事。爸爸能事先告诉孩子,并不是什么正义行为都能靠武力解决,而应该通过思考,运用智慧去解决。这样,孩子在遇到事情时,就不会鲁莽行事。比如,面对同学被欺负时,孩子还是会站出来,只不过,他是给做错事的同学指出错误。所以,在孩子的眼里,好爸爸肯定是英雄,因为爸爸有正义感,有强健的体魄,还有不凡的智慧。

所以,有时候英雄并非仅是那些有过丰功伟绩的人物,身边的普通人也能成为英雄。对孩子来说,父亲就应该做孩子心目中的"英雄"。父亲要发挥自己独特的人格魅力,进而激发出孩子内在的英雄潜力。那么,父亲怎样才能做这个"英雄"呢?

建议一:让自己具备正义感

正义感是一个抽象概念,表现为惩恶扬善、锄强扶弱,与邪恶、丑陋的行为作斗争。父亲是孩子的第一个偶像,这个偶像本身就应该具有正义感,能坚持正确的是非观念和道义感,从而积极地影响孩子。

当然,父亲也应该让孩子从小分清对错、善恶、美丑,懂得支持、赞扬正确美好的事物,谴责、批评错误丑恶的事物。在孩子刚刚建立起是非观念时,父亲要给他灌输正义的思想,这种思想就能伴随孩子一生的成长,也能表现在他的行为上。

建议二:给孩子动手做示范

动手能力是孩子生存成长的基础,是孩子手与脑结合、身心和谐发展的过程。作为父亲,应该培养孩子的动手能力,但这个前提是,父亲的动手能力比较强才行,这样才能让孩子佩服您,如果仅仅是说教,而不能给孩子做示范的话,效果肯定会大打折扣。所以,父亲不只是让孩子去换水龙头、修电器、扫地、擦桌子等等,而是和孩子一起用钳子、锤子、刀子等工具去修理东西,用扫把、抹布去做家务,用工具制造玩具,等等。这在无形中就能培养孩子的动手能力,还能让您做孩子心中的"英雄"。

建议三:与孩子一起搞探索活动

父亲应该让自己的探索精神强大一点,和孩子经常在一起搞一些探索性的活动。比如,孩子把玩具拆开后,不要骂他,而应该鼓励他去重新安装上,甚至和孩子一起拆玩具,以满足孩子的好奇心。当父亲对一件事物比较感兴趣时,也会激发起孩子的兴趣来。所以,父亲应该培养自己的探索精神,同时把这种精神传递给孩子。

建议四:培养自己坚韧的能力

一般来说,英雄人物都有独当一面的能力,他们是别人依赖的对象,而从不去依赖别人。从这点来看,父亲还应该让自己具有坚韧的能力。遇到问题时,一定要首先想办法运用自己的力量解决,而不是逃避或者寄希望与他人。父亲一旦具备了这种实干精神,就会在孩子的心中树立起无所不能的形象,从而让自己会更接近英雄。当孩子长期感受父亲坚韧不拔的能力时,就容易受到影响,就能培养自己解决问题的能力,遇到困难自然也不会退缩。

无论您是粗犷豪放,还是细致体贴,作为父亲,您都是孩子心目中的第一个英雄。所以,您要时刻提醒自己担当好这个英雄的角色,时常自问:"我这个英雄父亲是否合格?"时常警醒自己:"我是孩子的榜样,要让'英雄'名至实归。"

4. 别让孩子把冷漠当坚强

作为父亲,有责任给孩子一个坚强的世界。父亲只有让孩子从小就锻炼坚强的意志,他才能增强应对困难的心理承受力,才能以积极的态度面对各种困难。但为父亲一定要特别注意,千万别把冷漠也当成坚强。坚强和冷漠看似不相干,因为坚强是积极向上,而冷漠则是不近人情、冷酷。但实际上,坚强和冷漠的界定就在一念之间。

坚强是敢于面对困难、逆境等,不妥协,不惧怕。坚强的人,他的心是

"热"的,他在要求自己坚强的同时,不会失去同情心,当别人遇到困难时,他会伸出援手,以自己的坚强带领他人走出困难。冷漠的"坚强"以小心眼为基础,他害怕别人看不起他,害怕别人看出他的软弱,所以他故作"坚强",为坚强而坚强。冷漠的人,没有同情心,往往对人有敌对情绪,不与人交流思想感情,而且还对他人的不幸冷眼旁观,无动于衷。

作为父亲,一定要理解坚强和冷漠的本质意义,在教育孩子时,避免出现偏激的情形,否则,孩子可能就会踏入冷漠的沼泽中。

两位父亲是邻居,他们经常在一起讨论教育孩子的心得体会。有一次,他们探讨的话题是"把孩子培养成一个坚强的人",他们一致同意,要想让孩子变得坚强,就要严格要求孩子,让他拥有比钢铁还要坚强的意志。

这种想法是非常正确的,因为孩子确实需要坚强。但是,两位父亲的做法却并不一样。于是,也就产生了不一样的教育效果。

甲爸爸经常对儿子说:"你要做个好孩子,做个乐观的孩子,你要坚强,而且一直坚强下去。不管遇到什么事,都不要害怕,也不要哭泣,更不要退缩。"

儿子记住了爸爸的话,不管遇到什么事,他都始终保持微笑。当他看到其他的孩子因为困难而哭泣时,他也不会动容。因为,在他眼里,凡事都要坚强,凡事都要靠自己。那些希望得到别人帮助的人,是不值得同情的。

爸爸还不时地对儿子说:"好样的,要坚持下去。你是个坚强的孩子。"

结果,儿子身边的朋友越来越少。甚至,有一位朋友给他取了一个绰号——"冷漠侠"。

乙爸爸为了培养孩子,特别制订了一整套现代型的教育方案,并为此付出了大量心血。

· 爸爸的高度，决定孩子的起点 ·

有一天，风雨交加，乙爸爸带着儿子来到一处古刹，他并不是让儿子参观古刹，而是让他丢开雨伞，站在古塔下淋雨。爸爸指着高耸的古塔说："你看这座塔，千余年来不怕风雨，为什么？因为它基础牢固，骨架紧密。你将来要走向竞争激烈的社会，就要从小打基础，练骨架。现在我们比赛，围绕宝塔跑6圈！"说完，他带头跑了起来，儿子即使在泥泞中跌倒了，也迅速爬起来再跑，不敢落后。

他还经常带孩子到野外去徒步旅行，让孩子学会自控和忍耐，有时还和孩子一起禁食，以学会忍饥挨饿求生的本领。比如，在与孩子一起禁食的那一天，他让饥肠辘辘的孩子面对吊胃口的饭菜，克制食欲，宁可忍饥挨饿，也不去碰一下食物。以此来锻炼孩子的自制力和耐力，让他成为意志坚强的人。

最终，这位爸爸的心血没有白费，儿子果然成了一个十分坚强的人，独立解决问题的能力、意志力等都比同龄的孩子强很多。

甲爸爸只是对孩子说教，让孩子坚持坚强，而对于坚强的真正意义，孩子并不真正理解。于是，他以为自己是坚强的，结果反而让自己走向冷漠。虽然，甲爸爸的出发点是好的，但他这样的鼓励，很容易把孩子推向一个极端——冷漠。这样的孩子，外在表现得很坚强，从来不喊苦不说累，但内心已经变了样，是冷漠的。冷漠就好像烂了心的水果，即使外表再光鲜，但"本质"已经坏掉了。这一点确实需要父亲们警惕。

而乙爸爸则善于利用各种场景，和孩子一起磨练意志。当孩子面对困难，克服困难，并能在反复的体验中认识到困难的客观性和普遍性时，他就不会再害怕困难，反而能够坚强地去面对。

通往成功的道路崎岖而漫长，路上可能隐伏着各种险阻，孩子用什么去对付它们呢？怎样走向已定的目标呢？坚强是很必要的。但坚强并非与生俱来，而是在生活实践中经过不断地培养和教育形成的。

建议一：给孩子树立坚强的榜样

在生活中，父亲面对困难和挫折的态度在很大程度上也影响着孩子对困难和挫折的态度。如果一位父亲面对困难时，只知道长吁短叹，抱怨这个抱怨那个，而不去积极地想办法克服，那他的孩子也一定不会有直面困难的勇气。

所以，父亲一定要以身作则，即使遇到再大的困难，也不要在孩子面前作出束手无策的样子，而应该理智地告诉孩子："爸爸遇到了困难，正在想办法，爸爸通过努力一定会解决的。"在困难排除后，要及时与孩子沟通，无论遇到什么困难，只要有信心，鼓足勇气，努力想办法，就一定能够克服。这样，父亲就会给孩子树立坚强的榜样，孩子就能够受到父亲的感染，遇到困难时，他也会尽力克服。

建议二：不要把孩子当成弱者

在公共汽车上，有人给一个5岁男孩让座。男孩的爸爸却对让座的人说："让他站着吧，他已经到了该自己站立的年龄了！"所以，想锻炼孩子的坚强意志，千万不要把孩子当成弱者来看待。只有让孩子自己去站立，他的双腿才会坚强，他的意志才会坚强。要让孩子吃点苦。其实，吃苦是一种心理承受力。孩子在艰苦的环境中，战胜的是自己，而不是环境。

建议三：鼓励孩子独立解决问题

父亲一般倾向于自立，所以，也应该教育孩子自立，不对孩子包办代替，鼓励孩子自己独立去处理问题。包办代替，容易让孩子形成软弱性格，也会导致孩子的独立生活能力降低。比如，孩子摔倒了，父亲应该鼓励孩子："自己站起来，往前走，我相信这次一定会走好。"当孩子没有哭，而是站起来就往前走时，父亲应该在后面鼓掌说："真勇敢！"这样给孩子以自信心。可见，要想让孩子坚强，就要鼓励孩子做力所能及的事，让他学会独立解决问题。

建议四:教孩子凡事都坚持一下

一个人如果在遇到困难时,能够有足够的意志再坚持一下,这种坚持足以让他取得成功。一位父亲这样描述自己儿时的经历:"有一次,我和小伙伴们一起做游戏,因为不小心,手指被伙伴弄出了血,疼得眼泪就要掉下来了。但我在心里告诫自己,一定要坚持住!最后,我忍住了眼泪,装出一副若无其事的样子,继续和小伙伴们玩。我知道,如果我的眼泪掉下来,伙伴们就会认为我是懦夫,以后就再也不和我玩了。现在,我也告诉我的孩子,在遇到困难时,要再坚持一下,你将成为强者!"

作为父亲,只要让孩子坚持,他就能培养出超凡的忍耐力,就会变得很坚强。

建议五:适当给孩子一些劣性刺激

通常,男性比较喜欢劣性刺激。所谓劣性刺激,是指一些令人不舒服或不愉快的外界刺激。实际上,劣性刺激是人生必须体验的经历。作为父亲,应该尽早让孩子去体验,从而让孩子早日学会坚强。所以,父亲也应该适当地给孩子一些劣性刺激:

困难。父亲应有意识地为孩子设置一些困难,常给他制造一些经过努力可以克服的困难。在这当中,父亲需要给孩子克服困难的勇气,也要教给他克服困难的办法。

饥饿。饥饿是一种挑战生理极限的刺激。今天,很多孩子挑食、偏食,父亲可以适当让孩子尝一下饥饿的滋味,让孩子在饥饿的刺激下学会控制自己的偏好。

批评。父亲要给孩子明确规定他不应做的事,比如打人、骂人、偷东西等,如果他做了,就要接受严厉批评,以此改变孩子脆弱的心理状态。

惩罚。孩子犯了较大的错误,父亲要给予他适度的惩罚,可以是物质上的,也可以是精神上的。比如,把他关在一个比较安全的地方,不允许买他想买的玩具等。

吃苦。今天的孩子很娇弱,父亲要有意识地锻炼孩子,如多让他参加一些野营活动,让他在艰难的条件下吃点苦,这样有利于培养孩子的坚强意志。

忽视。生活中,不要处处以孩子为中心,适当地忽视一下他,让他学会调整心态,从而有助于他在人际交往中保持良好的心态。

5. 让孩子学会自我保护

现实生活中,一些爸爸为了防止孩子遭遇危险和意外,习惯将孩子置身于自己的庇护之下,对孩子进行过度的保护,其实,这是孩子成长中的一大障碍,是对发展中的孩子的一种伤害。因为孩子总要长大,自己走上社会,在激烈的社会竞争中,最好的保镖是孩子自己,爸爸的过度保护会使孩子的独立能力得不到很好的发展,一旦走上社会就会相形见拙。

4岁的聪聪进入幼儿园,但是老师发现这个男孩特别胆小,总是窝在角落里既不敢跟小朋友玩耍,也不敢碰任何一件玩具。后来老师了解到,聪聪在家里被祖父母保护得非常严密。从小开始,无论他想碰什么东西,奶奶都会马上跑过去阻止:不要动水壶,小心烫着!不要碰电视,小心漏电!不要靠近柜子,小心被它的角磕着……久而久之,聪聪变得什么东西都"害怕",对探索外部世界意兴阑珊。显然,奶奶的过度保护导致聪聪在潜意识层面形成了很多阻碍和桎梏,同时,他的探索能力和创新思维也逐渐被磨灭。

由此可见,对孩子过度的保护也会成为一种伤害。孩子在成长的过程中,必须要经历一些磨难,这是一种规律。正如一位教育专家所说:"你不让他跌倒,他就会永远不知道跌倒的滋味。父母不可能保护孩子一辈子,当有一天他跌得更重时,可能就爬不起来了。"父母过度保护孩子,不仅让孩子失去了在生活中锻炼的机会,使之丧失独立生活能力、社会交往能力,更会让孩子失去建立自信、自尊的机会。而缺乏这种能力的人,不仅照顾不好自己,而且在集体生活中很难找到自己的位置。所以,爸爸不能过度保护孩子,剥夺孩子体验的过程与机会。

自我保护能力是人的本能,也是孩子在社会生存所必备的基本能力之一。具备自我保护意识学会保护自己是孩子成长过程中重要的一步。为了保证孩子的身心健康和安全,使孩子顺利成长,爸爸应该从孩子幼年时就加强对他们的自我保护教育,培养和提高孩子的自我保护能力,让孩子走出温室,健康、快乐、安全地成长。

作为爸爸,我们要想尽办法让孩子远离危险,教会自己的孩子如何识别危险,以及在发生危险的时候怎样保护自己。

1)让孩子在运动时懂得保护自己:参加体育活动,不仅能增强体质,锻炼意志,还能起到调节身心、提高学习效率的积极作用。但是,在体育活动中,我们一定要树立安全第一的意识。体育活动项目有一定的体能和技巧要求,不少项目还具有较强的竞争性和对抗性。同时在一定程度上也潜在着不安全因素。因此,我们要让孩子掌握一些安全防护知识。

2)教会孩子应对意外伤害:现在的孩子基本上都是独生子女,由于父母白天一般都要上班,对孩子的照顾很难做到面面俱到。一项最新的抽样调查表明,青少年意外伤害已成为世界各国青少年第一大"杀手",占总数28.1%的中国青少年死亡原因是意外伤害,而且这个数字还在以每年7%的速度增加。实际上,在青少年意外伤害中,排除不可预见的自然灾害和人力不可抗拒的重大事故,约80%的非正常死亡是可以通过预防措施和应急处理避免的。如果学校和爸爸多教给孩子们一些灾害防范和急救知识,有意识地对孩子进行伤害模拟训练、生存训练,很多意外伤害是可以避免的。

3)要教会孩子在灾害来临时自救:作为父母,教育孩子如何应对意想不到的灾难,遇险时如何自救,是家庭教育中不可或缺的一课。这样做,不仅是为培养孩子的逃生自救能力,也利于培养孩子的防范意识和社会责任感。

4)教孩子了解人际交往中的安全常识:目前社会上还存不少违法犯罪现象,儿童遭到不法分子侵害的情况也时有发生。所以,很有必要教孩子学会正确认识遇到的人和事,明辨是非,区分真善美和假恶丑,提高预防各种侵害的警惕性,消除对危险的麻痹和侥幸心理。同时也要树立自我防范意识,掌握一定的安全防范方法,增强自身的防范能力,使自己在遇到异常情况时,能够冷静、机智、勇敢地去应付。

(1)遇到紧急情况要拨打110。这个号码应当牢记,以便发生异常情况时及时拨打。

(2)独自在家,要锁好院门、防盗门、防护栏等。如果有人敲门,千万不可盲目开门,应首先从门镜观察或隔门问清楚来人的身份,如果是陌生人,不应开门。即便是熟人,如果没有大人在家,也不要轻易开门。

(3)应当熟记自己的家庭住址、电话号码以及爸爸姓名、工作单位名称、地址、电话号码等,以便在急需联系时取得联系。

(4)不接受陌生人的钱财、礼物、玩具、食品,与陌生人交谈要提高警惕,不搭乘陌生人的便车。

6. 培养孩子的勇敢精神

在现实生活中,有些孩子胆小怕事,缺少勇敢精神,一个很重要的原因,就是家长对孩子过于溺爱,"初生牛犊不怕虎",孩子很小的时候是不知道害怕的,但是由于很多家长对子女过于关注担心孩子受委屈、受伤害,当孩子面临小小的困难或考验时马上就把孩子置于"保护伞"下,剥夺了孩子锻炼勇敢品质的机会,长此以往,就造成孩子胆小怕事的个性,以致长大后都很难纠正。

陈鹤琴是浙江上虞人,年轻时曾留学美国。回国后在南京等地长期从事教育工作。1925年,他撰写了《家庭教育》一书。此书一问世,就引起轰动,再版近20次。陈鹤琴不只是家庭教育的理论家,也是家庭教育的实践家。他非常重视对孩子的勇敢精神的培养。

陈鹤琴在《家庭教育》一书中写道:"要做一个现代中国人,第一条件是要有健全的身体。身体的好坏,对于一个人一生的生活、事业及其抱负都有极大的影响。"他从少到老一贯重视体育锻炼,并以自身为榜样来影响子女。

陈鹤琴认为,不只要培养孩子健康的体魄,还应培养孩子勇敢的心理。他常对自己孩子一鸣、一飞说:"堂堂男子汉,一身都是胆。"

而在培养孩子勇敢的心理方面,他十分讲究教育的艺术,使孩子从胆小变得胆大。一鸣三四岁的时候,每逢炎热的夏天,乌云密布、雷电交加都使他有点儿害怕。这时,爸爸就带他到房间外的露台上,用手指着乌黑的云层对他说:"那一片乌云多么像一只狗呀,看得出吗,前头是狗的脑袋,后头是狗的尾巴。"又指着闪电说:"这闪电像一条白带,雪亮的,多好看!"一鸣被逗乐了,他也伸着小手,对天空指指点点,从此渐渐对雷鸣电闪不怕了。

有一次,陈鹤琴带一鸣到草地上玩耍。父子俩一道兴致勃勃观赏花草,识别昆虫。突然,一只大癞蛤蟆跳了出来,跳到了一鸣的跟前。一鸣从未见过这么大的癞蛤蟆,害怕得双脚往后挪动。陈鹤琴忙说:"一鸣,别怕。你看爸爸来逗它。"说着,他从地上拾起一根细枝条,轻轻地去撩压那只癞蛤蟆,说:"癞蛤蟆兄弟,你好吗?你也来同我们一道游戏吧!"一鸣看见爸爸与它"对话",感到新鲜有趣,便从爸爸手里接过细枝条,也去撩压那只癞蛤蟆。小一鸣原来恐惧的心理消除了。

为培养孩子的勇敢精神,家长应进行如下方面的努力:
(1)不要溺爱孩子

在爬一个小坡时,福特显得胆子很小,他一步一回头,不停地看着爸爸,很想让爸爸把他抱上去,爸爸似乎有意要锻炼他一下,并不看他,只是不停地向上爬着。因为爸爸知道,虽然是第一次爬坡,可小福特是可以爬上去的,这是锻炼孩子胆量与技巧的一个绝好机会。可妈妈却非常担心,她怕小福特摔下来,又怕他磨破细嫩的小手。母亲一会儿看看孩子,一会儿担心地嘱咐他一声,一会儿又喊前面的爸爸慢些,福特最终胆怯了,不肯再往上爬,后来还是由父亲抱上去,没有达到试试爬高的愿望。本来孩子是可以胜任的,如果妈妈不是提心吊胆地在那里显出可怕的样子,福特是可以爬上去的,这是一次孩子自己认识自己能力的机会,可是这个机会被妈妈善意地破坏了。

如果溺爱孩子,不给他锻炼的机会,他就无法变得勇敢坚强。

(2) 通过适当的活动使孩子变得勇敢

让孩子多进行户外活动,如爬山、跳跃、蒙眼前进等,鼓励孩子参加体育活动,在活动中有意加入一些碰撞性活动,使孩子在活动中学会保护自己,又能争取胜利。

(3) 用英雄的精神鼓舞孩子

给孩子讲故事,让孩子从故事里的人物身上学习勇敢精神,当图书中或影视节目中出现勇敢人物时,家长就表示赞叹和钦佩,但这时不要直接要求孩子向他们学习什么,而让孩子从成人的赞叹和钦佩中领会积极的东西。

(4) 给孩子树立好榜样

为了培养孩子的胆量,做父母的要言传身教。父母不要动不动就将害怕挂在嘴上,特别是不要与某些特定的环境联系起来。如在黑暗中,在与孩子独处时,此时若表现出害怕心理,孩子就会认为这种环境是可怕的,是孤立无援的。受这种影响的孩子常常会在走向社会或求职或更换工作时产生恐惧心理,一个好机会就有可能从指缝中溜掉。

(5) 让孩子在竞争中锻炼

我们今天生存的社会,处处存在着竞争,孩子们的生存环境也不例外。所以,父母必须让孩子从小学会竞争,适应竞争。激励孩子努力学习,刻苦钻研,学好本领,成为生活的强者,为自己将来终身参与社会竞争打下坚实的基础。当然,在竞争中不可能次次都能成功,失败是一个人成才的必由之路。怎么面对竞争中的失败,这取决于你是否具备的坚强品质。只有具备坚强品质的人,在失败面前才不气馁、不灰心、不屈服、不倒退,认真分析失败的原因,及时改变应采取的策略和方法,用自己的能力和智慧去迎接新的挑战。这样,才能使自己自立、自信、自强的优秀品质在艰苦的磨炼中得到提高。

7. 孩子的事情让孩子自己去解决

有这样一个寓言故事：

观音菩萨一心要为凡间的人多做好事，可凡间的事实在太多，她两只手忙不过来，就向如来大佛请求，如来大佛给了她一百只手。

观音菩萨用一百只手为凡间做好事，可凡间的事实在太繁杂了，一百只手还忙不过来，她又向如来大佛恳求。如来大佛给了她一千只手。

观音菩萨用一千只手为凡间做好事，可凡间确实太大了，一千只手还是忙不过来，只得再向如来大佛诉苦。

这一下，如来大佛皱眉了，问："给了你这么多只手，怎么还嫌不够？"

观音菩萨回答说："唉，不是我贪多，确实忙得透不过气啊！"

"好，我倒要亲眼看看，究竟为什么忙不过来。"如来大佛说着，跟随观音菩萨进了宝殿。

宝殿前，弥勒佛祖胸挺肚，笑嘻嘻地斜靠着，闲得没事干，正"一五一十"地数着炉中的香火。宝殿内，十八罗汉懒散地分立两旁，有的搔胸、挖耳朵孔，有的揉眼睛打呵欠，一个个都是闲得发慌的模样。

如来大佛看了，十分感慨地对观音菩萨说："真不该给了你一千只手。倘若你不改变这一班人的模样，就是给你一万只手，也无济于事啊！"

在生活中，有些家长就像千手观音菩萨一样，孩子自己的事也由大人亲自过问，忽视了对孩子自立自强的培养。他们凡事不放心。对孩子保护太多，不肯放手。这样就破坏了孩子自我意识的良好发展，使孩子缺乏独立性，直接影响了孩子适应社会的能力。

晚饭过后，优优一家三口到院子里打羽毛球。一到楼下，优优看到小球场上有一群同伴在打篮球，就把拍子交给爸爸，兴高采烈地跑去加入孩子们的行列。

只一会儿工夫，爸爸就听到孩子们的争吵声。因为离得远，根本听不清孩子们在争吵什么。爸爸注意到优优很激动地对着一个高他一头的男孩子连说带比画，一个劲儿地指着边线，那个男孩子嘴里也在嚷嚷什么，还抬手推了优优一把，一下子把优优推倒在地。

优优爸爸看到此，把球拍交给妻子，走到球场边，拨拉开人群，先把儿子扶起来，然后一把拉住带头打人的高个男孩，"你怎么动手打人？"见他一脸不屑的不服气，优优爸爸更来气了，"你是不是这个院子的？你的父母呢？得让他们好好管管你！"

因为优优爸爸的干预，孩子们不再争吵了。优优爸爸拉住儿子，"都打架吃亏了，咱不玩儿了，回家！"儿子嘟囔道："我们的事儿，谁要你来管？就是你让我玩儿我也不玩儿了！"

孩子们在一起玩耍时，难免会产生分歧，出现一些矛盾和摩擦，这是很正常的。做父母的有时会因为看到或是怕自己的孩子吃亏，而介入孩子们的矛盾或冲突中，充当调停者，希望通过这样的方式解决孩子的问题，殊不知，这样反而会使问题复杂化。

因为某个孩子父母的介入会使孩子觉得他们的尊严和自主权受到了侵害，对他们的自尊心和自信心是一种伤害。父母介入的孩子会因为在别人面前丢了面子，而对父母反感、不满；其他的孩子还会因此看不起他，使孩子之间的关系变得紧张。并且，总在父母庇护下的孩子，会对父母有依赖心理，在与他人的交往中缺乏主见和独立解决问题的能力，使其同伴交往出现障碍,这对孩子的心理健康是极为不利的。

张国强的学习成绩一直非常好,从小学到高中,他总是名列前茅。每次考完试,他都会问老师:"这次考试谁是第二?"因为他坚信,第一名肯定是属于他的。如此出众的他,深受老师和父母的称赞。

如此出众的学生,自然深得老师的称赞,父母的厚爱。为了张国强能够集中精力学习,父母可谓是操尽了心,除学习之外的任何事情,父母都会代替张国强去干:吃饭时,妈妈会及时地把饭端到张国强的手边;衣服脏了,当然也是妈妈的事;笔记本用没了,也是妈妈为他去买,他习惯了"饭来张口,衣来伸手"的生活,而且有时还为自己的这种生活而沾沾自喜。事实上,到了十七八岁,早应具备洗衣、做饭这些最基本的生活技能,但张国强和别的孩子不一样,他没有学得这些能力。

后来,张国强参加高考,他以全县第一、全省第二的优异成绩,考取了北京某名牌大学,那是他梦寐以求的学校。这一喜讯,给家里带来了前所未有的欢乐,亲朋好友们无不夸张国强聪明。同年的9月,张国强和其他刚入学的学生一样,无比兴奋地来到了首都北京。然而在大学生活开始不久,张国强就表现出了困惑,他不会买饭,不会洗衣,甚至常常找不到上课的教室,不知道该怎样和同学相处。虽然好心的同学也在不断地帮助张国强,但还是难以解决他的适应问题,这令张国强万分苦恼。无奈之际,他只好提出了休学,学校根据他入学以后的表现也同意了。

第二年的7月份,学校及时地寄去了复学通知。收到通知的张国强,没有丝毫的兴奋,反而产生了无比恐惧,他害怕再次离开父母,他担心自己依然不能适应学校的生活,在这种思想的驱使下,他便从6楼阳台跳下,结束了年轻的生命。

进入崭新的21世纪,我们每个人都应有较强的自主决定能力、自我判断能力，以确定在人生的不同阶段自己应该做的事情，这样才能使自己的才能得以充分发挥，并能牢牢掌握自己的命运，这就要求每个家长从小培养孩子独立的判断力及独立解决事情的能力。

对于每个孩子来说，他都有自己的世界，他有时遇到的事情是不需要大人干涉的。比如和朋友闹点矛盾，比如老师给他布置了课外实践的任务。这些事情他们自己能解决，父母就不要替他做了。

不少家长总是认为自己的孩子小，不具备自己解决困难或冲突的能力，实际上孩子是有解决困难的方法及策略的。所以，家长不要总去帮助孩子，应当放手让他们逐步学会自己处理事情，自己解决事情。这样，在他以后的人生路上，他会发现自己走得很轻松，知道如何去应对所遇到的一切。

总之，父母只有放心地撒开自己的双手，让孩子自己的事情自己解决，孩子的独立性才能得到锻炼。

第五章

寓教于乐,激活孩子的创造力

1. 善于挖掘孩子兴趣

兴趣在孩子的成长过程中,具有十分重要的作用。要培养和发展孩子的兴趣,爸爸应学会在生活中去发现孩子的兴趣爱好。

如今,很多的爸爸都希望孩子学一门乐器,比如说钢琴。爸爸们的愿望和思路是好的,但不能去强求孩子,甚至是逼他们学钢琴,这样效果会很不理想。相反,假如爸爸尝试着,让孩子们自己去选择他们的兴趣爱好,不但可以事半功倍,而爸爸也不会被孩子留下埋怨,甚至发展到仇恨!这就需要做爸爸的细心观察孩子的日常活动,并经常与孩子沟通。

请看下面这个案例:

麦克斯韦五岁时,有一次,父亲叫他画一幅静物写生。对象是插满菊花的花瓶。麦克斯韦很快就画完了,满纸涂的是几何图形:花瓶是梯形,菊花则是大大小小的圆和各种各样的三角形。在这样一张图画上,做父亲的发现了儿子的数学天赋。父亲立刻教儿子学习几何学,又教他学代数。由于父亲谙熟培养教育之道,麦克斯韦在数学方面显示了惊人的才华。中学里举行数学比赛,他获得了最高奖;十五岁时就在《爱丁堡皇家学会学报》上发表了数学论文。以后又在物理学上取得了卓越成就。麦克斯韦的成才得力于他父亲慧眼识才。

案例中,父亲的发现让麦克斯韦培养了他的兴趣,并最终帮助他取得了卓越的成就。

但在现实生活中,不少年轻爸爸在发现孩子的强势天赋面前,竟然表现出一种异乎寻常的粗心。有的孩子明明多次在爸爸面前表现了对音乐、绘画、舞蹈、动物、植物、机械等方面的强烈兴趣,做爸爸的却视而不见、充耳不闻,贻误了培养孩子成才的大好时机。

因此,身为爸爸,在平常的生活中要细心的观察孩子,从孩子的一言一行中去捕捉孩子的特殊天赋。

首先,从孩子的发问中去了解孩子的兴趣和爱好。

经常会有一些爸爸这样讲:"孩子提问,别理就是了,烦都烦死了……"殊不知,孩子爱提问题正是一件好事,说明他有强烈的求知欲和探索精神。孩子爱提问,是受好奇心的驱使,是兴趣爱好的标志,也是其智力活跃的征兆。爸爸要善于从发问中,挖掘孩子的兴趣爱好,帮助他们解决"为什么",认识"是什么"。

例如:大发明家爱迪生小的时候就喜欢问"为什么",他的母亲充分肯定了他的敢于问"为什么"的发问精神,并加以培养,使他成为人所共知的大发明家。

其次，从孩子与爸爸的活动中挖掘孩子的兴趣爱好。

周末、节假日，与孩子一起进商店，逛公园，或到树林里散步时，爸爸可留心孩子感兴趣的商品、书籍、景物等。此外，爸爸还可以跟孩子一起写字、画画、做纸工、修理日用品，一起搞烹饪……一般来说，孩子在与爸爸共同活动时，其兴趣和才能便会清楚地表现出来。

再次，从孩子的劳动成果中挖掘孩子的兴趣和爱好

以手工劳动和绘画为例，有的孩子喜欢做汽车、火车、轮船，描绘打仗的场面；而小女孩大多数喜欢画装饰图案和制作穿着各种服装、梳着花样发式的布娃娃等。从孩子的劳动中，就可以发现出孩子在这些方面的兴趣和爱好，从而加以培养和引导。

每个孩子都有自己的兴趣爱好，其中有先天的遗传因素，也有后期的培养。如何把这样兴趣爱好发展成为孩子的特长，这需要爸爸的引导、培养。

小明上三年级时，有一天，他高兴地对爸爸说："爸爸，我们学校有一个葫芦丝课余学习班，我非常想学，我去学葫芦丝好吗？妈妈已经同意了，就看您啦。"看到小明那高兴样儿，小明的爸爸没有考虑就一口答应了他的要求。于是，第二天，他们一家三口到乐器专卖店给他买了一支葫芦丝。就这样，在学校老师的辅导下，小明开始学习葫芦丝演奏知识与技能。但是，由于小明还比较小，在学习中缺乏耐心，遇到一些难学的地方就大发脾气，甚至说："烦死啦，我不学啦。"每当这时候，小明的爸爸总是耐心开导她，鼓励他，告诉小明有信心就能战胜任何困难。后来，小明学会耐心地学习葫芦丝演奏技巧，每天做完作业后，他就自觉练习葫芦丝演奏半个小时。小明的爸爸妈妈在音乐方面没有什么细胞，但他们在精神上给小明很多的鼓励，为他加油；在学习上，他们也尽量地配合小明。

他们到音像店去买葫芦丝演奏配音光碟回来,用DVD机播放给他作配音演奏乐曲。同时,他们还经常带小明到公园、溪边,让他在大自然的环境里用感情去演奏。通过在学校音乐老师的辅导与小明的勤学苦练下,一年过去了,小明基本掌握葫芦丝演奏基础知识,同时在音像光碟配音下可以演奏《月光下的凤尾竹》、《竹林深处》、《大长今》等七八首音曲,这时候他开心地笑了,笑得很阳光,很灿烂。

上面案例中,小明的爸爸虽然在葫芦丝、在音乐方面不懂,但他们非常支持小明的学习,帮助小明克服学习中的困难,将兴趣延伸下去。

现在很多爸爸都让孩子参加一两项特长培养,以此来开发智力,陶冶情操,完善人格塑造和提高整体素质。那么,身为爸爸,应该怎样帮助孩子发展特长呢?

首先,关心孩子,循循善诱。

许多爸爸让孩子参加特长培养,往往出发点是好的,却没有考虑到孩子的心态,也不管孩子是否喜欢,在孩子学习时要求过高,这就使孩子学习时不用功,注意力不集中,一会儿要喝水,一会儿要上厕所。这些行为让爸爸感到很烦恼。于是,有的爸爸就大声训斥孩子,甚至还动手打孩子,这样做适得其反,使孩子产生厌学的心理。个别孩子还会对所学习的特长由反感、到厌恶,甚至仇恨。因此,爸爸一定要引导好孩子,想办法将枯燥的学习内容形象化,以提高他们的兴趣。孩子的情感是极不稳定的,而且极易受客观环境所影响的,爸爸要关心孩子,注意耐心诱导,不要粗暴打骂孩子,要用动情的语言,及良好的行为、方式、方法去敲击孩子的心灵,去激励孩子,唤起他们对学习的追求。

其次,鼓励孩子,树立自信心。

每个孩子的情况各不相同,起步年龄、性格倾向、理解力、家庭影响、环境因素等,都会因人而异,不同阶段造成了学习的进度、质量的不同。

如果爸爸动辄大声训斥孩子,挫伤了孩子幼小的自尊心,无形中就给予孩子极大的压力,甚至怀疑自己很笨,而没有信心去学习。此时,爸爸应鼓励孩子,顺着教师的思路,将某些理论问题反复深入细致地讲给孩子听,当好教师的助教,只有鼓励着孩子,坚持不懈,问题就能逐步得到解决。孩子都有表现自己的欲望,希望引起别人的注意,爸爸要鼓励孩子参加各种活动,争取到表现的机会,既锻炼了孩子上台表演的能力,又培养了自信心,满足了孩子的表现欲望。从小树立良好的自信心,对孩子的成长是十分有利的。

三是选择合适的教师。

很多爸爸都希望找到一位好教师,好的标准各持所见,一些爸爸认为教学水平高的即可,一些爸爸认为要有耐心的教师。其实,我们需要的是一个懂得儿童心理学且有耐心的教师。如果孩子已经上学,最好就找一个会启发、激励、正确引导孩子的教师,对于一个已经具备一定能力的孩子来说,最好能跟一个有经验的教师学习,这对孩子在特长的发展上会非常有利。常言说,教师是园丁,幼苗只有经过园丁的辛勤培育,才能长成参天大树,为孩子找一位优秀的教师,这对孩子的特长发展无疑是有着重要作用的。

2. 树立一个学习的榜样

任何一个父亲都希望孩子成为一个人才,甚至成为一个杰出的人物。于是,往往把许多人生经验告诉孩子,常常对孩子唠唠叨叨的。其实,父亲做了什么比说了什么给孩子影响更为深刻。因为,孩子容易接受的是形象的影响,而不是抽象的教育。

我们都知道,爸爸对孩子的影响是最大的,孩子都是在爸爸的潜移默化中长大的。一个好的父亲是孩子的榜样,也是孩子崇拜的对象。孩子可以从父亲身上培养出许多好的品质,有些品质还会使其终身难忘。下面这个案例就很好地说明了榜样的力量。

美国有一位非常努力的孩子,他的父亲是一位政治家。在他9岁的时候,父亲参加了美国国会议员的竞选,结果遭到排斥而落选。然而,他父亲并没有因此而一蹶不振,相反,他很快又重新振作起来。那时,父亲曾语重心长地对他说,当你身处逆境、面对挫折时,怨天尤人不会给自己带来任何好处,重要的是不要停止追求。这样的执着帮助父亲实现了梦想。8年后,父亲再次竞选并获得了成功。父亲的成功教他懂得,失利是政治的一部分,但是一个人决不能因失利而消沉、痛恨或嫉妒他人;否则,一个人一生都将一事无成。后来,这个孩子考入了麻省理工学院,他一直为自己能有这样的好父亲而深感自豪。

案例中,父亲面对挫折时所采取的态度,应对的心态和方法给孩子树立了一个好的榜样,为孩子的后来成功提供了积极的作用。

榜样的力量是巨大的,尤其是对于成长中的孩子,所谓近朱者赤,近墨者黑也体现了这个道理。榜样会使孩子潜移默化,不断成长、不断进步。因此,帮孩子树立一个学习的榜样,意义是很重大的。爸爸为孩子树立一个学习的榜样,不但要有书本上的大榜样,还要有身边的小榜样,用榜样的力量影响孩子的成长。

物理学家赫兹的母亲在赫兹很小的时候就把他送到了叔父那里学习。赫兹的叔父是19世纪有名的电磁学家。每天叔父在繁忙的研究工作外，总是抽半个小时对小赫兹进行教育。小赫兹从小就把叔父当成了自己心中的榜样。

在赫兹8岁那年，不幸的事情发生了，年仅37岁的叔父英年早逝了！

出殡那天，许多著名的学者和科学家不远千里前来吊唁，甚至连国王和王后也来了。母亲拉着赫兹的手，指着长长的送殡队伍对赫兹说："你叔叔献身科学事业，受到了全世界人们的无限敬仰，你一定要向你的叔父学习呀！"

赫兹深深地铭记住了母亲的话。后来，赫兹拜读了叔父遗留下来的全部书籍和日记。每当遇到了挫折和困难，他总是用叔父的日记来鼓励自己。后来，赫兹真的成功了！

案例中，赫兹的母亲要求小赫兹向叔父学习，以叔父为榜样，也不断激励赫兹努力学习，最终走向成功。

榜样是学习、生活各方面的优秀典型。孩子在学习和生活中总是喜欢拿自己与优秀的人相比，希望自己能够像优秀的人一样。爸爸可以抓住孩子的这种崇拜心理，帮孩子选择一个优秀的榜样，让孩子运用榜样来激励自己。

在为孩子树立榜样的时候，注意不要树立孩子周围的人作为孩子的学习榜样。同班同学、周围的伙伴、亲戚朋友的小孩，学习成绩很好，有很多优点，值得孩子学习，但不能明说让小孩以他们为榜样。因为同班同学取得了好成绩，老师已经当着你孩子的面表扬过了，可能还不止表扬一次。如果孩子有很强的进取心，他正在心里下决心超赶那位同学呢，此时你应该鼓励小孩说："你也不错，肯定会超过他的。"千万别说："你看人家多好，你该好好向人家学习。"这可能会引起你小孩的逆反心理，起着相反的作用。同样，对于周围学习成绩好、各方面素质也好的伙伴、亲戚朋友的孩子,你的孩子也肯定听了不少人们对他的好评,心里正盘算着如何做得比他们更好呢,所以没有必要再说些什么。

周围的优秀人物,也是实实在在的人,肯定也有缺点和不足,如果孩子经常看到他们的缺点,形成了逆反心理,小孩就会挑毛病,久而久之,他就会认为:"先进人物也不过如此,他们在某些方面还不如我呢"。过多地注意人家的缺点,就会产生消极的影响,让孩子总想着不是通过自己的优点,而是利用别人的缺点,来获取自己的竞争优势。

3. "提"升孩子的思维能力

思维能力是智力的核心因素。一个人智力水平的高低,主要通过思维能力反映出来。而孩子思维能力的强弱,也直接决定着他们学习成绩的好坏、创新能力的高低等。如果孩子具有较强的思维能力,学习知识能举一反三,就会取得良好的成绩。即使遇到难题,也能勤于思考,并能通过思考找到问题的根源和答案。这些对于孩子智慧潜能的开发,具有重要意义。

所以,爸爸要积极锻炼孩子的思维能力,让孩子从小就养成爱动脑筋的习惯。要锻炼孩子的思维能力,提问是一种很不错的方法。通过对孩子的提问,可以引导孩子积极思考,甚至可以异想天开,为一个问题找出无数个可能的答案。即使这些答案都不是正确答案,但却锻炼了孩子的思考能力,也鼓励了孩子的探索欲望。

王新的爸爸就很注意锻炼和培养王新的联想和思维能力。在王新很小时,爸爸带他出去玩。这时,如果天空中飞过了一只鸟,爸爸就会问王新:"你看,天空飞过一只小鸟,你能想到什么呢?"王新开始时会说:"飞过一只鸟就是一只鸟啊。"随后爸爸就会提示他:"这只鸟飞过去了,那么你知道这只鸟是从哪儿飞来的?它要飞到哪里去啊?它的家人呢?"

通过爸爸的提问,王新会调动自己的思考和想象能力,为这只鸟从哪里来到哪里去设置很多种可能,而这就有效地锻炼了自己的思维能力。

实际上,这位爸爸对孩子进行的就是很好的联想力教育。虽然孩子可能联想得并不多,但爸爸给孩子的提示起到了重要的启发作用。从某种意义上说,这就是对孩子的一种思维能力训练,同时也提高了孩子的智力水平。

所以,在日常生活中,爸爸应该从点滴的小事上做起,时刻注意训练孩子的思维能力。爸爸也应在这方面做一点尝试,在交谈和日常生活接触中要有意识、有目的地经常提问孩子,引导孩子思考。这会对孩子智力的开发起到积极的促进作用。在这种潜移默化的影响下,孩子的思维品质对他各方面成绩的影响也会越来越大。

1)让孩子经常面对问题

问题是思维的引子,经常面对问题,大脑就会活动积极。当孩子爱提各种各样问题时,爸爸要与孩子一起讨论、解释这些问题;同时,爸爸也可以反过来经常给孩子提问题,引导孩子思考、做答。

爸爸的积极主动对孩子影响很大,特别是爸爸也弄不懂的问题。此时,爸爸可以和孩子一起通过请教他人、查阅资料、反复思考获得圆满答案,这个过程最能提高孩子的思维能力和积极性。当孩子变得不爱提问题时,爸爸也要主动向孩子提出一些问题进行讨论,包括家庭遇到的一些疑难问题。有时,爸爸完全可以放下架子,向孩子请教一些问题,这些做法对发展孩子思维及自我认同都很有好处。

2) 鼓励孩子独立思考找答案

不论是爸爸为孩子提出的问题,还是孩子在学生中遇到了问题,开始时孩子都会向爸爸求助。此时如果爸爸直接告诉孩子答案,那么孩子就容易形成惰性,以后一有问题就找爸爸解决,这显然是不利于孩子思维能力的锻炼的。

因此,孩子遇到问题时,爸爸要先鼓励孩子自己思考,寻找答案。当孩子实在解不开时,爸爸再给予引导,即启发孩子:一个问题应该怎样去想、去分析,怎样运用自己学过的知识和经验,怎样看书、怎样查参考资料等。当孩子自己得出答案时,他也会充满成就感,思维能力也能提高,而且还会产生新的思考动力。

3) 和孩子一起参与解决问题的过程当中

在孩子的生活、学习中,经常会遇到各种问题;或者爸爸也经常给孩子提出一些问题。此时,爸爸可以与孩子一起讨论、设计解决问题的方案,并付诸实施。在这个过程中,爸爸和孩子需要经过分析、归纳、推理、设想等几个解决问题的方法与程序。当最后通过这些步骤把问题解决掉后,孩子也会大有收益,而且对于提高孩子的思维能力和解决实际问题的能力也大有好处。

思维能力的高低,关系到孩子智慧潜能的发育状况,因此爸爸应注意帮助孩子提高思维能力。平时可以多给孩子提出一些问题,引导孩子独立思考;或与孩子一起寻找解决问题的方法。当孩子通过努力解决问题后,不仅自信心会得到鼓舞,思维能力也能获得很大提高。

4. 鼓励孩子多动脑筋多动手

在人类的文明史上,无论是科学、技术等任何一个领域中卓有成就的名家,都是有所发明、有所创造的人。所以教育家匡亚明说:"凡是人才总是有突出的创造力,敢于不断创新;人云亦云的,不是人才。"

创造力是一种思考能力,也就是扩散性思维能力。它是与生俱来的,同时也可经过教育训练将天赋的创造力引导启发出来。无论从哪一方面来说,创造能力对孩子的智力发育都非常重要。它是一个人成功的基础,也是开发智力潜能的关键。教育学家苏霍姆林斯基说:"儿童的智力在他的手指尖上。"

由此可见,要开发孩子的智力,爸爸一定不能忽略了孩子创造能力的培养。而培养孩子的创造力,与其动手动脑的实践活动又是密切相关的。

最近这段时间,12岁的郑爽特别喜欢自己动手做实验。每天爸爸下班回到家,都会看到客厅满地都是儿子以前的旧玩具。他会把旧玩具上的零件进行再利用,重新赋予这些玩具新的生命。爸爸对儿子的这种行为并不反对,相反,还经常鼓励儿子多动脑筋,多动手,多搞一些小发明、小创造。

有一天,爸爸加班很晚回家后,发现楼梯上的感应灯坏了,漆黑一片。正巧,那天儿子郑爽在做电灯泡如何通电的实验。这下他的发明可派上了用场。一根电线,两节电池,一只手电筒里取下的小灯泡,正负极一连接,哎,还别说,漆黑的楼梯顿时就亮了起来。爸爸禁不住夸儿子说:"哈,你快赶上爱迪生了!"儿子听到爸爸如此夸奖,甭提多高兴了。

著名心理学家皮亚杰说的一句话："教育的主要目标，在于造就能够创新、能够创造、能够发明和发现的人，而不是简单重复前人已做过的事情。"不可否认，中国的教育模式培养出了许多高分低能的人。普遍认为，中国学生研究学问很刻苦，理论思维能力也强，但动手能力却比较差。在学习中一旦仪器出现故障，往往就束手无策了。美国学生就不同，他们遇到同样问题时会自己动手去摆弄，七动八动，就把故障清除了。

爸爸平时在与孩子的交谈中，应引导和鼓励孩子多观察、多思考、多动手。对于孩子拆卸物品或玩具的行为，也要给予理解和支持，并在方法上给予指导。孩子这些看似破坏的行为，其实都是一种求知欲的表现，也是孩子创造性思维的萌芽。

你知道太阳的真面目吗？现在我们已经能够轻易地从各种图书或者纪录片中看到有关太阳表面状态的描述和各种有关太阳的图片。但直到19世纪末，人类还从未真正地认识太阳，一个人的出现——伟大的天文学家海尔，改变了人们的认识。

1891年，海尔用自己发明制作的特殊仪器，成功地拍下了人类关于太阳的第一张照片，揭开了人类认识宇宙新的一页。

海尔生长在美国芝加哥，从小就有着广泛的兴趣，喜欢思考，善于动手尝试。

小时候，海尔的父亲给他讲了许多关于太阳的神话传说。有一次，他听说用涂黑了的玻璃将望远镜的镜筒前后遮住，这样看太阳就不会刺眼了，他立即跟父亲商量，看能不能用这种方法观察太阳。父亲非常支持他的想法，让他自己尝试制作了一台望远镜。透过望远镜，一幅壮丽的景象展现在他的眼前：巨大火球的边缘，就像无边无际的草原上燃起了漫天大火，非常漂亮。这次观察使他对研究太阳产生了极大的兴趣，从而引领他逐步走向科学的殿堂。

一次,海尔跟爸爸出去旅行,在火车上,海尔看到一个小女孩用红色透明糖纸挡在眼前,对她爸爸说:"咦,爸爸变红了,叔叔也变红了!"这句话触动了小海尔,使他重新开始思考,为什么隔着红玻璃纸看到的物体颜色是红的呢?海尔最终琢磨出是红玻璃纸把其他色光滤掉了,只让红光通过。能不能制作出一种设备,把其他光都滤掉而只让一种光通过呢?海尔开始尝试并进行各种实验,最终研制出一种特殊的镜头——过滤器,从而发明制造出观察太阳的新仪器,拍下了有史以来关于太阳的第一张照片。

创造首先源于一种想法,但单有创意还是远远不够的。海尔的成功,让我们看到了童年时代的"实验"和探索,对一个人今后的人生历程产生了重要影响。

在现代家庭教育中,爸爸应多鼓励孩子动手创造,让孩子树立一种创新的意识。不要用成人的思维限制孩子的探索,这会阻碍孩子智慧潜能的开发和思维的发展。同时,爸爸还应为孩子创设条件,给孩子提供创新的机会,并指导孩子安全创新,对孩子的创新给予肯定和鼓励,促进孩子创造能力的健康发展。

启示一:爸爸要指导孩子正确尝试

孩子与成人不同,表现在其成长过程中,有诸多的第一次。比如第一次自己喝水,第一次自己写字,第一次拆卸玩具,等等。在好奇心的作用下,他们有着强烈的尝试欲望和不成熟的尝试行为。其目的,就是为了了解事物的本质,体验尝试的过程。

对此,爸爸应该积极鼓励,尽管孩子的行为可能不合理,有时还可能存在安全问题,但也不要简单地制止,而应有针对性地对他们进行指导。对于一些有危险性的玩具或物品,如电器等,尽量不让孩子接触。而对于一些结构性能较复杂、容易损坏的玩具,爸爸可亲自动手拆装给孩子看。鼓励孩子进行有益的尝试活动,可以满足他们的求知欲望,锻炼创造性思维。

启示二:鼓励孩子进行"修旧利废"的操作

这是一种略带创造性的活动,如修理旧家具、玩具等,巧妙地利用废牙膏管、废圆珠笔芯、空罐头盒、纸盒、塑料瓶等来制作新东西,变废为宝。

爸爸可以鼓励孩子多进行此种操作。例如,炊壶盖上的镝子脱落丢失了,可把牙膏管肩部以上剪下,拧下牙膏盖,将牙膏嘴插进壶盖孔,然后拧紧牙膏盖,这样代用的壶盖镝子就制成了。又比如用金属空罐头盒制作花和装饰品,用大塑料瓶制花篮,用玻璃片做万花筒,等等。

此外,还可以鼓励孩子修理门铃、自行车,拆装破闹钟、废手表、破电动玩具等,都能养成孩子改造、创新、利废的思维品质和动手能力。

启示三:指导孩子进行科学小实验

爸爸可以帮孩子建立一个小小的实验室,让孩子在这里自由地做各种实验,比如做空气实验、水的三态实验、水中沉浮的规律实验,以及各种趣味实验等。每个小实验都蕴含着自然科学的奥秘,有利于培养孩子对科学的热爱,激发求知欲望,发展探索思考能力和动手创造能力。

同时,爸爸还要鼓励孩子利用假日参加有老师指导的科技制作小组、小发明兴趣班等,让孩子的生活多多闪耀创造发明的火花。

5. 学会与孩子讨论问题

孩子在成长过程中,会产生各种问题,这也是孩子智力潜能不断发育的标志。对此,爸爸要经常和孩子一起讨论问题,并给予孩子适当的点拨,鼓励孩子积极思考;也可以与孩子一起查阅资料,寻找问题的答案。在这个过程中,孩子的语言能力、思维能力、探索能力等,都会得到增强和锻炼。

曾有研究表明:假如家长的教养孩子的方式在具有支持性的同时,又涉及争议性问题的讨论,那么这样的教养方式会促进孩子高级推理能力的发展。

讨论,就是要在不同意见之间交流,据此思想才能得以丰富,彼此都不至钻牛角尖。哪怕爸爸和孩子都是相同的意见,也要经过自己的思考得出结论。因为有时相同的结论后面,可能是完全相反的论据。只有经过讨论,才能清晰地把彼此的立场差异展现出来。

经常与孩子讨论问题的好处,不仅在于能锻炼孩子缜密的思维能力,还能在讨论中不断点拨孩子,促使孩子积极思考,想出解决问题的方法;并能使孩子在说话、写文章时文理清晰、条理清楚等等。

爸爸如果真想教导孩子一些什么道理或学习方法,不如以讨论的方式提出来,以交流的形式表达出来,并在与孩子的讨论中适当给予孩子提示和启发,这要比一本正经地对孩子训话效果好得多。

8岁的孙睿对自然科学很感兴趣,爸爸经常会与他讨论一些自然方面的问题,比如水是怎样变成固体和气体的?沙漠中会不会有动物或植物,它们是怎样生存的?等等。

父子俩在讨论时,双方都会先提出自己的观点,然后就自己的观点再给出解释。对于一些孙睿不能理解的问题,爸爸会给孙睿一些适当的提示,鼓励孙睿认真考虑爸爸的观点是否有道理。如果双方还存在分歧,爸爸就会和孙睿一起去查阅一些资料,弄清问题。

在与爸爸一起的学习中,孙睿的知识量也越来越丰富,同学们都叫他"小科学家"。

当然,与孩子讨论问题的前提是平等。既然是平等,爸爸就要摆正自己的姿态,不要以高高在上、居高临下的姿态与孩子对话,也不仅是摆摆谦虚的姿态即可。要从内心出发,认定孩子具有和爸爸一样平等的权利,也可以平等地提出自己就某些问题的看法和观点。

在讨论前,爸爸也要做好心理准备,坦然面对孩子的质疑,千万不要认为自己真理在握,对孩子提出的问题给予嘲笑或指责。其实,生活中很多问题都没有绝对正确的答案,无非就是各人从不同立场、价值观出发,得出的不同的意见而已。孩子的看法也许是一种偏见,但爸爸的看法也可能是另外一种偏见而已。

爸爸要明白,与孩子讨论问题,更多时候要的也许并不是一个答案,而是一个促进孩子思考的过程。在这个过程中,孩子的思维能力、想象能力等都会得以锻炼,这对于发掘孩子的智慧潜能才是意义非凡的。

1)宽容地对待孩子的质疑

有些爸爸可能觉得孩子反对自己,让自己很没面子。其实,爸爸如果能以宽容的心态来看待孩子的不同意见,那么就不会认为孩子的反对意见伤害自己的面子了。如果爸爸觉得孩子的表达方式、态度等有问题,也同样可以提出来,就此引导孩子以适当的方式表达意见。

比如,讨论时孩子被爸爸说得不能反驳了,就以哭闹来要挟,这显然是不对的。据此,爸爸也可以提出问题:被驳倒的一方是否可以以哭闹的方式要挟对方?然后再次和孩子展开讨论,孩子也会从中知道自己的方式不对,应该改正。

2)讨论不要先入为主

爸爸不要先入为主地确定孩子要表达的意思,认为自己理解孩子要表达什么,也不要随意猜测孩子将说什么。不妨耐心听孩子把话说完,不理解的地方再通过发问,让孩子澄清。

比如有个故事说,一位爸爸很想让孩子了解一些性知识,终于有一天孩子问他:"我是怎么来的?"爸爸就赶紧给他解释了一大堆"人之初"的问题。然而就在爸爸口干舌燥之际,孩子却困惑地说:"我只是问,我们是坐飞机还是坐火车到这里的?"(因为他们家几个月前刚搬到这里的新家)。

显然,爸爸先入为主的方式误解了孩子的意思。如果孩子表达能力较弱,那么爸爸就需要更有耐心些,引导孩子充分表达自己的意见,让孩子不仅能表达观点,还能把观点后面的理由表述出来。

3)尊重孩子暂时的固执己见

如果孩子在一些问题上固执己见时,爸爸不要批评或强迫孩子接受自己的观点。要记住,孩子固执己见不是因为讨论问题导致的,而是通过讨论才让他表现出这个特点。没有讨论的机会,他一样会固执己见,只是爸爸不了解而已。

面对孩子的固执己见,爸爸也可以表达意见,比如把自己的意见清晰地表达出来,然后尊重彼此的不同意见,让孩子慢慢去体会和理解。你的意见对孩子很重要的,而且你放心,孩子有时只是嘴巴上不肯表示承认赞同你的意见而已,其实内心已经认可了。

6. 盲目请家教不可取

如今,几乎所有大中城市的都市报上,都会刊发家教广告。当然家教的价格也是不菲的,每小时都在几百元左右,每门课补下来的费用自然也很高。但即便如此,仍有不少爸爸会为孩子报名。有的爸爸还认为:"别人都请了,自己不请怕耽误孩子,不能让自己的孩子落在别人后面。"

请家教为孩子补课,自然孩子的课业量就增加了。除了平时课堂上的作业,还要完成家教老师安排的作业。孩子每天泡在书本和作业中的时间短则八九个小时,长则达到12个小时,根本没有时间放松地做游戏、锻炼身体,甚至连正常的睡眠时间都不能保证。

孩子的时间都被家教和作业量占满了,没有了娱乐的时间,没有适当的休息,紧张的神经也得不到放松。除了身心疲惫外,还有什么收获?与年龄不相称的学习负担,也让很多孩子心理长期处于一种亚健康状态,出现焦虑、情绪不稳定、易紧张、易激动等症状。处于这种状态下的孩子,智力潜能又如何能得到正常开发呢?看来,爸爸给孩子加的"小锅小灶"并不可取。

王明的爸爸妈妈有自己的公司,平时很忙,没时间辅导孩子的功课。王明的学习成绩一直不太好,后来,爸爸听说一位朋友为孩子请了家教,学习大有进步。于是,在王明三年级的下学期,也为儿子请了一名家教,帮儿子辅导英语和数学。

起初,有了家教的辅导,王明的学习有了明显进步,爸爸感觉为儿子请家教也很正确。可几个月后,爸爸发现王明的成绩又下降了。原来,这两个月学校老师安排的作业多了,王明的时间被占得满满的。他完成学校的作业后就很累了,还要听家教老师讲课,再做家教老师安排的作业,大脑高度负荷,睡眠时间也减少了。结果在课堂上老打瞌睡,不能认真听课,成绩自然也下降了。

对于孩子来说,学习是一种劳动,也是一个循序渐进的过程。只有自己真正付出努力,才能取得成果。短期、迅速、大幅度提高学习成绩的方法往往都是不可取的,将孩子的学习成绩寄希望于他人的帮助,对孩子的成长也是不利的。而且请家教为孩子单独授课,无形中还会加重孩子的心理负担。

孩子的学习成绩不好,爸爸需要找出问题的真正原因,比如知识缺陷,还是不良习惯造成的。只有对症下药,才能有效果。而且关心孩子学习,除了请家教、安排作业量外,更重要的是爸爸要树立爱学习的榜样,多帮孩子分析学习成败的原因,探索学习方法。对成绩不错的孩子,就更没必要请家教了。孩子课上专心听讲,课下自己复习,不会的问老师,这样不但解决了问题,也巩固了知识,这要比请家教帮助孩子学习更有效。

启示一:是否请家教要征求孩子的意见

对于一些学习成绩较差的孩子来说,爸爸如果想给孩子请家教补课,也要提前征求一下孩子的意见。如果孩子不愿意,爸爸强迫请的家教,效果也不会好。孩子学习本来就不好,平时再浪费许多时间,无疑会令孩子产生厌学心理,学习也会越来越差。

所以,家教最好是给那些本身想学习,但接受能力较差,或掌握不了学习方法的孩子请。爸爸不问青红皂白,乱请家教,只会白白花钱而不见成效,有的甚至还起到反作用。这都是不可取的。

启示二:吃好"正餐"最重要

孩子平时学习压力大,再请家教无疑会增加他们的负担,违背"高质轻负"的原则。而且过长的学习时间和大量的作业也会影响孩子正常的休息,孩子上课自然精力不济,反而影响孩子的正常学习。这就像正餐吃不好、靠零食来补充营养一样的道理,结果只会影响孩子的健康。

孩子学习的提高通常通过认真听课就能达到的,所以,爸爸不妨辞退家教,平时和孩子一起讨论一些有效方法,孩子的学习效率也会逐渐提高。

启示三:适合自己的才是最好的

一些爸爸在为孩子创造相对优越的生活环境的同时,却忽略了孩子的感受,一味地认为最贵的就是最好的,所以请家教也要名牌大学毕业,或有多少年的经验。其实这样意义并不大。

如果请家教,也要根据孩子的实际情况进行,仔细考虑请家教后是否真的利于孩子的学习,并征得孩子的同意。要知道,"授之以鱼不如授之以渔",任何外在的帮助都无法与孩子内在的学习动力相比。给孩子请家教或让孩子搞题海战术以求进步,充其量都是头痛医头脚痛医脚,达不到治标治本的作用。

所以,是否要增加作业量,是否需要请家教,以及请什么样的家教,爸爸都要先了解孩子的实际情况和特点。只有适合自己孩子的学习方法和教育途径才是最好的、最有效的。

孩子的智能开发是一个循序渐进的过程,也需要恰当的方式方法。平时给孩子增加作业量或请家教,在一定程度上也许能帮助孩子提高学习质量,但盲目进行却只会适得其反。因此,爸爸要根据自己孩子的具体情况,考虑是否有请家教和增加孩子课业量的必要,切不可盲目进行,影响孩子智力的正常发育。

7. 培养孩子的想象力

在人的智力活动中,想象占有十分重要的地位。俄国教育家乌申斯基说:"强烈的活跃的想象是伟大智慧不可缺少的属性。"著名物理学家爱因斯坦创立"相对论",就是采取所谓"思想实验法",在充分发挥想象力的基础上,经过严格的逻辑思维和严密的数学推导而成的。因之,有一位物理学家赞叹爱因斯坦的成就时说:"作为一个发明家,他的力量和名声,在很大程度上应归功于想象力给他的鼓励。"而爱因斯坦自己则说:"想象力比知识更重要,因为知识是有限的,而想象力概括着世界的一切,推动着进步,并且是知识进化的源泉。"

青少年在学习各门课程中都要借助想象力。没有想象力,很难理解教材中的图形、图画,对教材中用描述方法表现的具体事物也很难知道它的具体样子,写作文干巴巴,不会有形象生动的描写。想象力,还直接关系着一个孩子创造力的发展。现实生活中的许多发明创造,都是从想象开始的。

我们要培养孩子的想象力,而不是扼杀孩子的想象力。

有一位非常聪明的孩子,一天,爸爸去上班,将手表遗忘在客厅的茶几上。那是一块镀金的手表,是妈妈送给爸爸的生日礼物。孩子好奇地拿起来左瞧右瞧,发现里面有一根针在"滴答滴答"地走动。它为什么会走动?它"肚子"里装着什么东西?孩子很想知道里面的奥秘。他从柜子里抱出一个小工具箱,里面有锤子、扳手、改锥等工具,但是他不知道用什么工具才能将这块手表打开,拿扳手试了试,不行,又用改锥试了试,还是不行。他拿起锤子敲了敲表壳,没想到表壳一下就裂开了,露出了表盘上的针,孩子很高兴,很想将针拿下来,看它还会不会有"滴答滴答"的响声。

整个上午,还都陶醉在拆表的快乐里。中午爸爸下班回家,一眼就看到了摊开在茶几上被孩子拆得七零八落的手表,他气得脸色煞白,一把将孩子从沙发上拎起来重重地摔在地上,然后顺手抓起一根皮带,一边骂着"败家子",一边狠狠地抽打孩子,孩子疼得哇哇大叫,抱着头在地上乱滚……

其实,这样的例子还不少。很多时候,当孩子发挥想象力,产生一个大胆的想法时,他们总会担心这样的想法会不会被当成异想天开,会不会得到别人的支持。在学校,当孩子有一些新奇的想法后,老师往往会因为标准答案或者其他原因限制孩子想象力的发挥。在家里,当孩子有了新的想法时,父母往往会认为孩子不务正业,对孩子予以压抑和打击。在学校和家庭的两面夹击下,孩子的想象力越来越贫乏。

我们应该理解孩子,宽容地对待孩子。孩子天生就是爱想象的,他们对世界的了解远没有我们成人这么深入和宽泛,因此,面对一些事物时,他们喜欢用自己的想象解决问题。而我们成人往往又喜欢拿我们的标准来衡量他们,用我们认为是"正确"的做法来限定他们对事物的认识。因此,就出现了上述结果。其实,孩子的想象力是天生的,也许最开始他们的想法看起来有些"荒诞",但是随着年龄的增长,如果孩子的这些想象能够得到鼓励,那么它就可能成为孩子的理想,最后转变成现实。其实很多发明家的发明创造都是从想象中诞生的。

因为有想象,爱迪生创造了电灯,生活由黑暗变为光明;因为有想象,莱特兄弟发明了飞机,我们可以周游世界;因为有想象,瓦特发明了蒸汽机,我们脱离了马车的不安稳;因为有想象,牛顿发现了万有引力,让我们更加了解世界……如果莱特兄弟看到小鸟飞翔,不敢"异想天开";如果瓦特看到沸腾的壶盖,不敢大胆想象;如果牛顿看到苹果落地,没有求新求异的勇气,这一切的一切都将不可能。

所以,我们父母千万不要轻视想象的作用,不要认为那些看似不可思议的想象是不务正业。其实,想象对人类具有重要的意义。爱因斯坦曾说"想象力比知识还重要",就是因为很多活动都离不开想象。想象可以帮助我们预见活动的结果,指导我们行为的方向;想象还可以补充我们知识经验的缺陷,当我们无法直接认识某些事物时,我们可以通过别人的描述来想象出他们的样子,从而达到我们认识这一事物的目的。

为了提高孩子的想象力,可以从以下几个方面努力。

(1)指导孩子丰富头脑中表象的储存

因为表象是想象的基础材料,所以,谁头脑中的表象积累得多,谁就有更多地进行想象的资源。在日常生活中,要启发孩子多观察、多记忆形象具体的东西。去博物馆参观,到郊区游览,参观各种公益活动,走亲访友等,都可以记住许许多多的表象。为了记得多,记得准,记得牢,可以请孩子用语言描述,或者家长与孩子相互描述。还可以通过写日记,把头脑中的表象再现出来。

文学作品、电影、电视,形象化的东西特别多,让孩子有意识地留心各种各样的人物形象和景物形象,有利于增加表象的积累。

(2)指导孩子扩大语言文字的积累

想象以形象形式为主,但离不开语言材料,特别是需要用口头语言或书面语言将想象的内容表述出来时,语言材料起重要作用。因此,要让孩子扩大语言文字积累。比如,背诵的课文要记牢,要有一个文学名句、名段摘记本,随时把阅读中遇到的名句、名段摘抄下来,而且利用休闲时间翻阅。这样在想象时,可以拓宽想象的天地,增加想象的细密程度和丰富程度,从而促进想象力的发展。

(3)支持孩子参加课外兴趣小组活动

课外兴趣小组活动是驰骋想象的广阔天地。不论是音乐、舞蹈、美术、体育、书法,还是天文、地理、生物、化学、航模、舰模、电脑,每一种兴趣小组活动都有大量的形象化的事物进入脑海,而且需要进行创造性想象才能完成活动任务。这对于提高孩子的想象力十分有益。当孩子们的兴趣小组成果得到展示或者获得表彰奖励时,他们的积极性会更高,想象力会突飞猛进地发展。

(4)鼓励孩子编故事、讲故事

孩子在小时候,喜欢编故事、讲故事,有时讲给小朋友听,有时讲给爸爸妈妈听,有时还自言自语。家长应该看到这既是锻炼表达能力的好机会,也是发展想象力的好机会。要积极鼓励孩子,不要冷言冷语,更不能随便阻止。家长可以引导孩子按照某个主题去编去讲,适时地给以赞扬,指出不足。好的故事,让孩子用笔记录下来,不断修改。天长日久,孩子的想象能力会越来越强。

(5) 带孩子多接触自然

大自然的一切都可以引发孩子们无穷的遐想,变幻无穷的白云,绿莹莹的草地,动植物奇异的保护色……都是孩子们思考的焦点。父母经常带孩子出去走走,有意识地引导他们去观察、去想象,这些事物就会在孩子头脑中存贮下来。一旦他们发现观察到的和学习到的东西不一致时,他们的好奇心就开始膨胀,就会开始想尽办法弄清楚答案。只要孩子的好奇心被激发了出来,孩子就有了探索的动力和想象的空间,想象的习惯慢慢就形成了。

第六章

善于沟通，好爸爸也是好朋友

1. 批评之前，请先克制冲动

有时，孩子犯的错误一时让爸爸接受不了，极为震怒，这时，爸爸最好是过一会儿再批评孩子。因为爸爸震怒时比较冲动，措辞一般比较激烈，很难做到冷静地选择合适的方式批评孩子，容易使孩子产生对立情绪。孩子一旦犟起来，不但接受不了意见，还可能产生离家出走等过激行为，结果只能是把事情弄得更糟。

美国教育家塞勒·塞维若认为，无论在何种情况下，父母都应保持冷静的头脑、理智的思维，切忌在情绪异常的状态下轻易批评孩子。他说："父母批评教育子女，靠强制压服是行不通的，只有给孩子充分的说话机会，他们才能剖析自己的行为，触及灵魂的最深处，才可能使其心服口服。"

爸爸在批评孩子之前要了解清楚事情的原因，不能偏听偏信，在没有证实、孩子没有承认的情况下草率地批评孩子，只会使孩子感到委屈。也有损爸爸在孩子心目中的形象。

如果孩子只是因为不小心造成了一个错误，而这错误本身并不大，比如孩子不小心碰翻了一杯奶或打碎了一个杯子，那么爸爸也没有必要小题大做，为这样的事情去批评孩子。在这种情况下，爸爸只要淡淡地说一声："拿抹布把奶擦掉。""拿扫把把玻璃扫掉。"让孩子自己收拾残局就可以了。

除了给孩子说话的机会，还需要从孩子的角度去考虑问题。有时当孩子犯了错误时，爸爸不妨假设一下，如果我是孩子，我会怎么看待这一错误。当孩子玩沙土、玩泥巴时，爸爸首先想到的是不卫生，想到的是这一行为会把衣服弄脏、弄破，给自己带来麻烦。而孩子却觉得这一活动给他带来了无比的快乐，这是一种百玩不厌的游戏。如果爸爸能换位思考，站在孩子的立场考虑问题的话，一定不愿扫孩子的兴。

如果孩子因为对某一事物好奇，抱着做试验的想法做出错事来，这种情况下也不要批评孩子，而应该引导孩子的好奇心。比如幼儿园的一个小男孩，发现自己的毛巾上出了一根线头，他觉得很好奇，便拉了拉这线头，线头越拉越长，他想弄个究竟，就不断地往外抽线，以至于弄坏了毛巾。老师没有批评他，问清他的动机后，给他讲述了毛巾是怎样做出来的。既保护了他的好奇心，又让他懂得了不少道理。虽然孩子可能会把事情越弄越糟，但基于孩子的动机，爸爸不应该批评他，而应该鼓励他作进一步的探索。

另外，爸爸和孩子发生了分歧，孩子坚持己见，在这种情况下爸爸不应该为自己的权威受到挑战而批评孩子，相反应该尊重他们的意见，让孩子有权决定他们自己可以决定的事情，如今天穿什么样的衣服;穿衣服时是先穿上衣还是先穿裤子;写字时使用红色的笔还是蓝色的笔等。

美国教育家卡尔·威特认为,对孩子的批评,最重要的是要让孩子心服口服。他认为,首先你要用孩子能够理解的道理和事例去教育他们。给孩子讲道理的时候,要给他们说一些容易理解的道理。不能用某种高深难测的东西强行向他们灌输。书本上的道理应该给他们讲,但不能搬弄出那些晦涩的文字,那种学究式的大道理孩子是很难接受的。

作家何立伟曾经描述过这样一件事情:

有一天儿子告诉我说他下午不上课。我说那正好,可以看看课外书什么的。他说我都和同学约好了呀,去溜旱冰!你看看,真的,就像他妈说的,他心里头只装着一个"玩"。

我叫我儿子坐下来,我要好好同他谈谈话。我说儿子,你的成绩好不好?他沉默了一下,嗫嚅地答道:不……好……我说一个学生成绩不好有什么资格这么玩呢?他愣愣地望着我,不做声,等着下文。我接着给他说,老爸认为这个世界上有三种学生,一种是会学不会玩的,一种是会玩不会学的,还有一种就是又会学又会玩的——你属于哪一种呢?儿子不好意思地说:中间的那一种。我说对,你现在就是会玩不会学,所以偏颇,所以要加强学习。这样你就会成为第三种学生,也就是老爸最欣赏的人——又会学又会玩。

儿子大约觉得我说得有点道理,于是搔了搔脑壳,说:那老爸,我下午还去不去溜旱冰?

我说怎么不去呢,你都和同学约好啦。你只给我记住一条,做第三种学生。

我儿子又快活又响亮地说:OK,老爸!

特别应该注意的是：批评孩子不等于惩罚孩子或把孩子当作自己的出气筒。苏联教育家赞可夫说："当你满腔怒气要发作的时候，要先克制几分钟，想想我是老师，这样你就能平静下来了。"每个父母都要永远记住：父母的一举一动、一言一行都会对孩子产生永久的影响。

另外，美国心理医学博士马文·西尔沃曼还提醒父母，在五种情况下不应该对孩子进行批评。这五种情况分别是：

当孩子同你讨论某种个人问题的时候

当孩子看上去非常激动而又没有说到底是怎么回事的时候

当孩子为某件事而兴高采烈的时候

当孩子需要人帮助他做出决定的时候

当父母想让孩子解释或同自己讨论某件事的时候

2. 就事论事，切勿借题发挥

家长要就某一问题批评孩子时，一定要就事论事，有什么问题谈什么问题，干净利索，切勿借题发挥、把问题扩大化，甚至揪住历史问题不放。

有些家长在气头上就容易联想，喜欢把孩子过去的老底都翻出来，絮絮叨叨，没完没了，这样做只会加大解决问题的难度，增加孩子的反感。

以下是一对父子的谈话：

"你到哪里去？"

"和朋友出去。"

"到底和谁去？"

"初中的老同学、王姨家的巍巍、八楼的德胜和后街的顺子。"

"顺子？是不是在毕业前出事的那个顺子？"

"老爸记性真好。"

"我告诉过你，不要和顺子来往。那孩子太捣蛋了，差一点没被开除。上次你们几个就是因为他，差点闯大祸。你们这次去哪里？"

"我们去商场。"

"不买不卖到商场干什么？"

"不干什么，就是逛逛。"

"简直是浪费时间！年轻人不在家好好学习，到处闲逛，再加上那个顺子不出事才怪呢。你功课做完了没有？上次考成那个样子还好意思出去闲逛。"

"老爸，有完没完？您想象力真丰富，不就是出去玩吗？你烦不烦？"

"小子你听着，给我说话放尊重点。老老实实早点回来，要不然有你好看的。"

这样的对话可能在很多家长和孩子身上都发生过。在有些家长看来，这也许正是个批评教育孩子的好机会。可这样的教育效果会好吗？正如对话中的儿子所说的，不就是出去逛逛吗？本来就是件小事，却被父亲上纲上线，弄得这么复杂。复杂化的主要原因是父亲没有做到就事论事。如果父亲意识到无限的引申只会影响父子之间的关系，这位父亲肯定会控制自己的联想力。

孩子最厌恶父母只要他一犯错误，就把陈年老账翻出来。

有的父母喜欢一旦孩子犯了错误，就把前几个小时，前几天，甚至是前几个月的错事都搬出来:"你说你这孩子,上个星期上课不好好听讲,挨了老师批评,昨天作业错得一塌糊涂,今天作业还没做完就开始看电视。"

很多家长惩罚训教孩子时总忘不了东扯西拉,说出孩子的种种不是来,有的甚至将孩子说得一无是处,直至忘记了本次训教的主题。

孩子会怎么想呢?反正自己没有一处是对的,以前取得的成绩、改正的缺点家长都看不到,自己天生是挨训该罚的料(有的甚至认为父母是在找茬整他)……也因此对改错失去了信心,破罐子破摔、我行我素,这样的教育效果可想而知。所以,家长教训惩罚孩子务必就事论事,切勿搞牵连、翻陈账。

一次不良行为应该只被批评一次,不能因为一次行为就连续受到批评。早晨犯了错,批评后,就完了。在中午吃饭的时候又念念不休,不停地对孩子斥责:"你说你今天做了什么好事,一大早就把碗摔破了。"这种唠叨式的反复责备只会引起孩子的抵触情绪。批评孩子,不需要太多的理由,一次不良行为就足够了。

3. 做孩子的知心朋友

每个人都需要朋友,每个人都不能没有朋友。孩子也需要朋友,在与朋友的交往中,孩子茁壮成长并逐渐成熟。孩子对什么都不熟悉、不在行,做什么都需要爸爸的指导、帮助,包括交朋友。作为爸爸,应该帮助孩子结交到更多的、优秀的朋友。但是首先,爸爸要成为孩子的朋友,爸爸是孩子最熟悉、最先接触的人,也是最有可能成为朋友的人,爸爸的友谊可以激励孩子结交新朋友的勇气。

有些爸爸受了"父为子纲"的封建残余思想的影响,认为孩子是自己生养的,不管大人说得对不对,做得对不对,孩子一概要听,要照办,把孩子当作自己的私有财产。他们要求孩子百依百顺,唯唯诺诺。于是,不尊重孩子的独立人格,不理解孩子的感情,不了解孩子的爱好,不关心孩子所做的事情。这样,爸爸与子女之间产生了"代沟"。当爸爸一发现孩子有问题时,往往是埋怨孩子不成才或责怪社会风气不良,而很少从自己身上找毛病,从教育指导思想与方法上寻找原因。为了教育好孩子,爸爸们还是要树立与孩子平等相处,尊重孩子的新观念。

可能有的爸爸以为自己与孩子已非常平等了,平时不分你我,即使孩子对爸爸出言不逊或有不礼貌的行为也毫不在意,甚至拉孩子进入自己的娱乐圈。比如学打麻将。这种所谓的平等,实际上是一种畸形的不健康的亲子关系。只会使孩子误入歧途,只会害了孩子,根本不利于孩子的健康成长。

另外,还有一部分爸爸以为做孩子的知心朋友,就是一切以孩子为中心,以满足孩子的需要为出发点,爸爸甘愿做子女的牛马。实际上,这种对孩子的迁就、溺爱本身就是一种不平等的反映。所以,爸爸在努力使自己成为孩子知心朋友的过程中,要改变错误的观念,正确处理严与爱的关系。没有要求的爱是一种溺爱,那种借助打骂手段来管束孩子的则是一种专横的爱,它们都不利于孩子健康地发展。

豆豆,9岁,老师、同学都称赞她乖巧、懂事。但是豆豆的性格不够开朗,有些拘谨。

在一个星期天的上午,同往常一样,豆豆在房间里学习。这时,豆豆的妈妈走进她的房间想拿一点东西。就在此时,妈妈的突然出现让豆豆没有防备，她神色紧张地将桌面上几张纸收藏到抽屉里。豆豆的妈妈觉得奇怪，问她写什么，可是豆豆就是不肯告诉妈妈。尽管再三说明，妈妈看后不会生气，豆豆始终不愿让步。从未见过女儿如此态度的妈妈终于忍耐不住了，硬逼着豆豆将那几张纸交了出来。其实，并没有什么秘密，纸面上是豆豆设计的一张《校训练队统计表》，只不过在训练队"队员"名下，不仅有她喜欢的同班同学的名字，还有她素来喜欢的玩具小动物的名字，有小熊熊、小海狮、皮卡丘等等。这时，豆豆的妈妈环视着自己房间里布置的那些形态各异的小动物玩具，再看看豆豆充盈着泪珠的眼睛。突然间，她感到心里有一丝酸楚。她赶紧安慰豆豆，微笑着说："呀，你设计得挺好的，妈妈喜欢。"可是，豆豆并没有高兴起来。

后来，豆豆的爸爸知道了这件事。于是，他们共同对这个问题进行探讨。一致认为：应该尽力帮助豆豆消除不愉快的阴影，恢复豆豆的自尊和自信，让她感到爸爸是她最好的知心朋友。

第二天晚上，豆豆的爸爸和她一起闲聊。爸爸故意谈到好朋友的话题，并问豆豆，什么样的朋友才算是真正的朋友。讨论之后，豆豆认为：知心朋友应该是无话不谈、相互信任的人。豆豆的爸爸顺势问豆豆："你认为爸爸妈妈是你的知心朋友吗？"豆豆毫不犹豫地给予了肯定。"那么，你能告诉我你为什么不肯让妈妈看你的《校训练队统计表》吗？"女儿不再难为情，只是低声说："我怕妈妈批评我贪玩。"

从这里可以看出，孩子有他们丰富纯真的内心世界，他们应有自己的时间和空间，做爸爸的不应对他们提出过分要求，而应该关心孩子，了解孩子的内心世界。爸爸要了解孩子的思想，要了解孩子的学习、生活、社交，要了解孩子的兴趣、爱好、才能与禀赋，走进孩子内心的小世界，帮助孩子健康成长。

从小学高年级开始,孩子慢慢出现心理闭锁现象,也就是他们内心小世界中有的问题已不像稚童时那么轻易地表露出来。这时,只有爸爸与孩子平等相处,孩子内心世界的大门才会真正地向爸爸敞开。所以,与孩子平等相处,是爸爸成为孩子知心朋友的关键与保证。

怎样才能更好地了解孩子的内心世界呢?一是要多观察孩子的行为,多一点与孩子交谈的时间;二是要让孩子充分发表自己的意见,采纳其合理的部分;三是要保护孩子的自尊心,加以正确引导。

做孩子的朋友,并不是一件容易的事情,这需要爸爸的耐心、细心和始终如一的态度。爸爸对待孩子态度的一致性,是孩子对爸爸信任的基础。孩子们都有这样的天性:当他们能够预料到爸爸的意图以及爸爸会做出什么样的反应时,就会觉得比较安全。只有他们觉得与爸爸在一起比较安全,才会信任爸爸,也才会把爸爸当成自己的知心朋友。

遇到问题,爸爸也要一个真诚的态度。在与孩子交往的过程中,应该意识到自己在思考什么、感受什么、要做什么以及如何做才能让孩子真正接受自己。在这一过程中,爸爸必须是真诚的、恳切的,不能有丝毫的虚假,这就要求爸爸必须在孩子面前敞开心扉,告诉孩子自己的真实思想和感受。比如,当我们的工作没有做好时,当我们受到上司和同事的误解时,可以告诉孩子我们很伤心;当孩子的某些行为让我们生气时,我们可以明白无误地向他表达自己的真实感受。

除此之外,社会的发展,使新事物不断涌现,知识也在不断更新,爸爸要成为孩子的知心朋友,就必须不断学习。

4. 让孩子从小掌握沟通技巧

心理学家加德纳提出,人际交往、沟通是一种基本智能,能够察觉并区分他人的情绪、意图、动机和感觉,并运用语言、动作、手势、表情、眼神等方式与他人交流信息、沟通情感的一种能力。2~6岁是人际交往智能成长的关键时期,这个年纪的孩子,当妈妈生病时,能理解、感受妈妈的难受,并且说一些关心的话语;对游戏过程中出现的矛盾和纠纷,能够学会克制独占、利己的想法,能与他人共同协商等等。

有一个叫丹丹的男孩子,14岁,上初中二年级。丹丹性格有些特别,在班里没有朋友,有时偶尔想和同学玩,但同学不乐意,有时发生争执。比如,当他高兴时,用手摸男同学的脸,别人不乐意,踹他一脚,他反过去又去踹同学,为此家长常常被老师召唤。类似情况还较多,比如有时用粉笔、纸团砸同学,引起别人反感。

上面这个案例,其实反映出了一种现象,丹丹缺乏和同学、同伴交流沟通的技巧。我们现在这个社会,是一个信息爆炸的社会,每个人都渴望成功;当今社会也是一个交流的社会,没有出色的沟通技巧和才能,想要成功几乎不可能。人与人之间的沟通就像一条金丝带,不仅将我们与他人联系起来,也将我们与成功联系起来。可以说,良好的沟通能力能够使我们在激烈的竞争中脱颖而出,成为各方面的佼佼者。

社会交往是需要技巧的,许多孩子正是由于没有掌握有效的交流手段和方法,才使得他的人际关系不太好,大家不太愿意与其交往。比如,有的孩子不知道如何与别人商量,在和别的小朋友一起游戏时无法友好相处,要么不欢而散,要么互相攻击;有的孩子不懂得礼貌用语,说话时经常在无意中就伤害到了别人,而自己却全然不知;有的孩子不善于处理冲突和矛盾,同学之间一点小小的问题就闹得不可开交,就连好朋友也会冷落人家一年半载;有的孩子没有学会忍让,看到别人手里的玩具比较好玩就迫不及待地想搞到手,如果人家不给,他就会伸手去强抢;有的孩子不会主动与人交往,常常是别人给他打招呼之后他才称呼别人,常常是别人邀请他一起玩之后他才知道加入,与人相处时始终处于被动的地位;有的孩子不懂得关心他人、帮助他人的重要,即使在别人遇到困难需要援助之手的时候,他也会表现得无动于衷。

所以,孩子的爸爸,从小就应该让孩子掌握一些沟通的技巧,让孩子更好的处理周围同学伙伴之间的关系。

首先,教会孩子掌握沟通的基本原则。与人沟通就是将信息有效地传递给对方,并想方设法让对方接受。爸爸可以将以下沟通的基本原则告知孩子,让他们用这些原则指导自己的沟通行为。

一是积极沟通:要想取得与人沟通的成功,就要以积极的心态去感染对方,克服沟通的障碍;二是保持互动:沟通的互动性就是使双方互相理解,让双方能够在互动的基础上进行良好的沟通,比如给对方一些说话的机会,多想想对方的感受,这样不仅可以从谈话中更多地了解对方的情况,还会使沟通更有效;三是讲求效益:有效地沟通就是在沟通中既讲究效率,又能追求到效益,善于与人沟通的人通常都很讲究效率,他们很注意沟通的经济性,从来不罗唆;四是力求明晰:如果能够在沟通中明白无误地表达自己的意思,就会轻而易举地达到预期的目的,要做到这一点,就要正确理解并熟悉自己想要表达的内容。

其次教会孩子沟通的基本技巧。

如果孩子现在还不是很擅长与人沟通,当爸爸的不要着急,因为良好

的沟通能力完全可以通过后天学习得到,是有迹可循的,不妨让孩子学学下面这些技巧:

一是掌握说话的时机:如果没有把握好说话的时机,即使说的内容很精彩,也不会达到预期目的,甚至还会产生反作用,因此要让孩子学会根据对方的性格、心理、身份以及当时的氛围等条件说话,不要口无遮拦,更不要信口开河;

二是掌握说话的场合:要让孩子知道说话应注意场合,对年龄、身份不同的人说话的语气、措辞是不能一样的,比如可以和自己关系亲密的朋友开玩笑,对长辈就不能这样做;

三是选用适当的沟通方式:通常情况下,沟通方式有口头、书面、电子媒介等,要让孩子学会根据不同的沟通内容、沟通目标,再结合自己的具体情况,选择一种或几种方式进行沟通;

四是合理配合身体语言:在与人沟通时,如果合理地搭配身体语言,可以很好地促进沟通效果,比如正视对方表示重视和尊重,时而扬起眉毛表示感兴趣,打手势表示强调;

五是把自己的意思说明白:沟通的最终目的是要将信息传递给对方,而只有交谈双方对问题概念明确一致,我们的观点才会被对方领会、接受。

同时,要提高孩子与同伴合作的意识,教会孩子为别人着想。

爸爸可利用星期日或节假日带孩子游戏、参观菜场、小吃店、商店等互相协调工作的地方。孩子一个人玩的时候,爸爸可问孩子:"你的汽车要加油吗?""你的变形金刚会打仗吗?"激发孩子渴望与同伴合作的愿望,主动与同伴交往。在交往的过程中,爸爸也要教育孩子在活动时对同伴有礼貌,用别人喜欢的名字招呼他们。要与同伴互相谦让,友好相处,分享玩具、图书;对大家都喜欢的玩具不争抢,可以让别人玩一会儿,自己玩一会儿,大家"轮流玩"。这样,可以使孩子遇事想到别人,知道有了同伴,才能玩得更愉快。

5. 教孩子学会换位思考

我们也许都听到这样一个故事:

一只小猪、一只绵羊和一头乳牛,被关在同一个畜栏里。有一次,牧人捉住小猪,它大声号叫,猛烈地抗拒。绵羊和乳牛讨厌它的号叫,便说:"他常常捉我们,我们并不大呼小叫。"小猪听了回答道:"捉你们和捉我完全是两回事,他捉你们,只是要你们的毛和乳汁,但是捉住我,却是要我的命呢!"

这个故事反映了这样的一个道理:立场不同、所处环境不同的人,很难了解对方的感受。现在的家庭,大部分都是独生子女,好多孩子都是以自我为中心,很少会为别人考虑。所以,爸爸应该让孩子学会换位思考。当发生事情以后,让孩子们交换立场想问题,事情会更容易解决。

苏霍姆林斯基讲过这样一个故事:

他小时候住在一间杂货铺附近,每天都能看到大人把某种东西交给杂货店老板,然后换回自己需要的物品。有一天,他想出一个坏主意,将一把石子递给老板"换"糖,杂货店老板迟疑片刻后收下了石子,然后把糖换给了他。苏霍姆林斯基说:"这个老人的善良和对儿童的理解影响了我终身。"

这位杂货店老板不是教育家,但他拥有教育者的智慧:他没有用成人的逻辑去分析孩子的行为,而是从孩子的角度,用宽容维护了一个儿童的尊严。因此说,换位思考在教育、交往中是一个很好的解决问题的方法。

让我们来看看下面这个故事:

有一个叫小东的男孩,正在上四年级。有一段时间,小东的爸爸发现他总是闷闷不乐,一回到家就是默不作声地写作业,写完就躲进房间里,基本上不和大人说话。很快,孩子的成绩下降了,整个人也变得郁郁寡欢。小东的爸爸觉得不对劲,要想找个办法解决这种现象。

一天晚饭后,小东的爸爸把小东叫进房间,温和地对小东说:"孩子,最近你有心事吗?能和爸爸讲讲吗?要是你不开心,爸爸也没有心情做事。"也许是爸爸的真诚打动了小东。于是,他说:"爸爸,为什么别的同学每天都有好多零花钱,而我有时一分也没有,同学都取笑我,说你们不爱我……"

经过几天的思考后,一个计划悄悄地在小东爸爸的心中酝酿成熟了。他决定让孩子当当"爸爸",体验爸爸的生活。

在周末,一大早,小东就被叫醒,爸爸对他说:"小东,爸爸今天身体很不舒服,不能去店里了,你去帮我看店。"

中午,小东回到家,就说了起来:"爸爸,好累呀,我一到店里,又要摆放好货,又要清理卫生,还要照顾生意;而且我还得算对钱。"这时爸爸接起他的话:"小东,你辛苦了,明天爸爸有事要去办,任务还是交给你。"

就这样,每到周末,小东的爸爸总会悄悄制造机会,让他去杂货店做事。有一回,小东得意地说:"爸爸,别人都夸我呢,说我是小大人!"并且,小东还问了一个问题:"爸爸,平时你每天都是那样辛苦的吗?"爸爸回答道:"你说呢?"

学校放假的时候,小东的爸爸决定依计划行事——离开家一星期,让他来管管家。临走前对小东说:"爸爸妈妈这个星期要回老家,你要负责料理好你和妹妹的生活,我给你100元,你是小小男子汉,要照顾好妹妹。"

一个星期后,等小东的爸爸妈妈从家乡回来的时候,小东一过来就诉苦:"爸爸,这几天真辛苦,不仅要安排生活,还有妹妹总是问我要零用钱呀,不给她就哭,最后一天没钱了,妹妹还生气了。""那你不也和妹妹一样,给你零花钱少的时候,你不也不理我吗?"他不好意思地笑笑,低下头说:"爸爸,对不起,我错了。我以后不会那样了。"

就这样,小东慢慢地养成了换位思考的习惯,人也变得勤快、懂事、好学、孝顺了。

如果每个孩子都能学会换位思考,学会将心比心。那么,生活中一定会多份理解、和谐、幸福!

可以说,自我中心人人都有,只是程度和发展速度上存在着个体差异。如果自我倾向过于严重,甚至到了六七岁还停滞在自我中心阶段,这就成了问题,是高级心理机能发展不充分的结果。这类儿童往往把注意力过分集中在自己的需求和利益上,不能采纳他人意见。对于与他认识不一致的信息,决然不能接受。因为他不懂得,除了自己的观点之外,还可以有别人的观点;孩子认为别人的心理活动和自己的是完全一样的。因此,作为爸爸,应该进行引导,爸爸不妨采用以下的一些方法:

一是让孩子清楚自己的份额

从三四岁起,就要让孩子开始认识到自己在家庭中的位置。比如说,有了好吃的,不要只留给孩子一个人吃,可以根据家里的人数分成几份,让孩子知道自己的食物只是其中的一份,而不是全部,懂得与人分享的概念。如果爸爸妈妈舍不得吃,可以留给孩子,但是要让孩子知道这种"优待"之中有爸爸的自我克制和爱,并不是理所当然。

二是让孩子换角度思考问题

孩子之所以会自我中心,因为他不知道自己的行为会给别人带来什么样的负面影响。因此,可以引导孩子站在他人的角度思考问题,学会换位思考。

三是让孩子体验到分享的快乐

在许多人眼里,帮助他人,意味着付出,意味着对自我的克制,其实更多的人还是在助人的过程中发现了快乐,帮孩子体会与人分享带来的快乐,他会更愿意与人分享并帮助他人,应尽量避免给孩子树立负面的榜样。

如果孩子从小就能学会换位思考,那么将来在工作中也一定能把方便留给别人,把困难留给自己。这样会使工作中少一些官僚本位,多一些人性化,人情味。这样的人际关系一定会更融洽,工作氛围也会更轻松。

6. 不明说,巧暗示

在日常生活中,许多爸爸习惯于"明说"教育,也就是耳提面命,直接给孩子以明确的指点,让他懂得该怎样,不该怎样,从而规范孩子的行为。

明白说教虽然是一种重要的教育手段,但是,因为这种教育影响是直接的、外在的,只采用这一手段,会使孩子觉得爸爸总是管制自己,唠叨起来没完,逐渐产生一种逆反心理,大大影响了教育效果。

其实,爸爸除了明说外,还可以巧妙地运用暗示教育法,开启、感染孩子。"暗示教育法"就是用动作、表情等间接、含蓄的方式使孩子不自觉地接受某种意见或做某事的教育方法。

教育家苏霍姆林斯基说:"任何一种教育现象,孩子在其中越少感觉到教育者的意图,他的教育效果越大。"所以,很多爸爸在教育孩子时,不应用那些让人不愉快的"要求、命令、必须"等词汇,而应通过"启发、暗示、商量"等形式来进行。暗示,是无声的教育,是"润物细无声"的教育。

爸爸在教育孩子时,应灵活运用下面几种暗示:

眼神暗示。眼神是一种无声的语言,比语言能更细腻清晰地表达感情。眼神暗示就是用眼睛把要说的话表达出来,孩子觉察以后会依据家长的意图去行事。例如,家里来了客人,家长看看孩子,再看看茶杯,孩子会领会家长的用意,"主动"给客人倒茶。

表情暗示。表情比眼神表现得更明确,人的表情能传达多种信息,比如肯定、可以、不能、不该等,使暗示对象做出反应。孩子做了好事,你对他赞许地点点头;孩子经过努力,解开了一道题,你对他会心地笑笑,都是最好的激励。例如,家里来了客人,孩子高兴得忘乎所以,耍起了"人来疯"。他一会儿大笑,一会儿尖叫,对爸爸的眼神也视而不见。于是爸爸猛地皱起了眉头,这下,孩子总算看到了,声音也降低了不少。爸爸的表情暗示发挥了效力。

动作暗示。动作暗示就是用体态语言把自己的想法表露出来,从而教育孩子。比如,爸爸辅导孩子做作业时,发现孩子坐姿不正,可以面对孩子做几个挺胸的动作,让孩子接受这种暗示,他就会调整坐姿。再如,晚上9点多了,孩子还坐在电视机前。妈妈可以一言不发,站起来把孩子床上的被子铺开。以无声的语言提醒孩子,孩子会马上去睡觉。

情境暗示。有位班主任的班上涌现了一批"追星族",学生们本子上摘抄的是明星的生肖属相,课间谈论的是明星的性格爱好。为了改变这种状况,聪明的班主任买来祖冲之、毛泽东、周恩来、爱因斯坦等古今中外名人画像挂在教室里,书写名人名言贴在墙壁上,黑板报上也增添了名人惜时勤学的内容,还围绕名人开展讲故事、诗朗诵等活动。"追星热"终于降了温,取而代之的是同学们以名人为榜样,比学习比进步。这一情景暗示的方法很值得家长借鉴。不同的情境能使人产生不同的心境,情境对孩子具有微妙的暗示作用。爸爸要善于营造优美的家庭环境,使孩子高尚的情操和良好的习惯在优美的情境中潜移默化地得以塑造。

人物暗示。即家长利用自身的示范作用或权威人士的榜样作用来间接地影响教育孩子。例如,教导孩子不以强凌弱,与同伴友好相处,爸爸首先要保证不打骂孩子。

活动暗示。就是让孩子参与活动,在实际活动中受到熏陶和教育。孩子精力旺盛,好动,喜欢做事,爸爸可利用孩子的这种特性,多分配他们一些"任务",使他们在完成"任务"的过程中受到教育。例如,爷爷行动不便,可以让孩子帮着端端饭;妈妈病了,帮着倒水拿药;邻居买了东西,帮着拿回家等。

认知暗示。即通过一定渠道让孩子自我反省、自我评价、自我认识。例如,佳佳有许多不良习惯:乱花钱、上课迟到、拖交作业,爸爸没有直接批评她,而是要求她给自己远方的好朋友们写一封信,告诉他们自己开学以来养成了哪些好习惯、近期有什么打算。从此以后,佳佳果真克服了不少不良习惯,学习也有了明显进步。这种意想不到的效果就在于孩子在写信过程中进行了自我反省、自我认识,避免了心理对抗和厌烦。爸爸应抓住孩子的思想状况,利用积极的认知暗示,促进其良好习惯的养成。

总之,暗示法能够起到尊重孩子、潜移默化、自然而然地施以有效影响的作用。为了使暗示教育法收到更好的效果,家长可以巧妙地将上述几种暗示方式综合运用。

7. 大人说话，孩子也有发表意见的权利

在生活中，经常会遇到这种情况，成人说话的时候，孩子由于好奇心提出疑问或发表自己的见解，但父母却往往以一句"大人说话，小孩不要插嘴"就把孩子拒绝了。

很多父母都认为这是合理的，因为在别人说话的时候，孩子突然插嘴进来，打断别人很不礼貌，而且大人谈论的话题，孩子又不懂，没必要让他知道。

如果站在父母的角度，这种做法有一定道理。但是，如果站在孩子的角度的话，父母的这句话只会让他觉得自己已经被父母从他们的世界分离出来了，没有把他当成一个平等的交流对象。试想，如果一开始就让孩子有一种不平等的感觉。在以后的交流过程中，父母怎么和孩子沟通，又怎么了解孩子的想法呢？

饭桌上，妈妈和爸爸在谈论一些问题。8岁的灵灵可能觉得大人们都不理自己，有被忽略的感觉。于是，灵灵夹着菜说："妈妈，这个菜很好吃，叫什么名字啊？"

爸爸当时正因为工作上的事情心烦，不耐烦地说："没看见我和你妈妈正在说话吗？大人说话的时候，小孩子不能插嘴，知道吗？"

爸爸本以为这样一句话能把孩子镇压住，可没想到灵灵反驳一句，说："我和妈妈也正在说话呢！我们说话的时候，你也不能插嘴。"爸爸听了，顿时被气得哑口无言。

其实，别看孩子年龄小，并不是什么都不懂。爸爸的一番话使灵灵有一种不被尊重的感觉，所以她才反驳。如果这个时候，爸爸能够心平气和地说："我和妈妈正在商量正经事，等我们商量完了，再回答你的问题，行吗？"相信此时的灵灵一定能理解爸爸的心情。

一般情况下，饭桌上的闲谈，如果是孩子可以参与的话题，父母都应该让他积极参与进来。而且作为家庭成员的一分子，孩子一样有权利知道家里发生的大小事情。如果父母实在不想让孩子知道一些事情，那么最好不要当着他的面谈论这些话题。

一位妈妈曾一直认为"大人说话，小孩不要插嘴"这句话是合理的，所以一旦大人说话，孩子插嘴，妈妈都会冒出这句话来制止他的提问。可是，自从知道这句话对孩子的伤害后，这位妈妈决定"戒掉"这句话。

一次，在公交车上，妈妈和小姨聊着天，6岁的聪聪坐在一旁听得很入神。当妈妈和小姨谈论到一部电影时，聪聪插嘴问："妈妈，你们在说什么呢？那个男的和女的怎么了？"

当时妈妈很庆幸那句话没有脱口而出，仔细思考了一番后，解释道："我们在谈论电影里一个男的和女的要离婚。"聪聪皱了皱眉，问："他们为什么要离婚呢？"妈妈回答："因为他们在一起不快乐。"聪聪似懂非懂地"哦"了一声。

接着，妈妈对他说："以后大人在说话时，一定要等别人把话说完，你再提问，这样才更礼貌。"聪聪听了，点了点头。

其实，孩子是有求知欲的，也有一定的判断力。如果父母一句"大人的事，小孩别管"就制止孩子的请求，会大大打消他探索和求知的积极性。

如果像以上这位妈妈那样，耐心地给孩子讲解，同时告诉他等别人把话说完，再发表自己的见解是更礼貌的行为，相信孩子更能够接受妈妈的建议。

因此，当成人们在谈论一些适合孩子参与的话题的时候，父母应该积极鼓励孩子参与其中。

那具体该怎么做呢？

一是把孩子当做独立的人来养育。

教育孩子首先要尊重他，他才能学会尊重别人，这是真理。尊重的前提就是父母要从小把孩子当做一个独立的人来养育，尊重他的表达需要，让他自由发表意见。

如果大人谈话时，孩子在场的确不方便，父母可以用温和的语言告诉他，让他暂时回避；或者转移他的注意力，让他做些别的事情。在孩子还没有学会用恰当的方式发表自己的见解时，切忌大声呵斥孩子，更不能说一些"大人说话，小孩不许插嘴"、"大人的事，小孩别管"诸如此类的话责怪他，尤其不能在外人面前这样责怪他，以免伤害他的自尊心。

二是要给孩子表达的机会。

一位母亲带着10岁的儿子去看心理咨询师。母亲喋喋不休地数落着儿子上课做小动作、不按时完成作业、欺负同学等种种恶行。儿子则坐在母亲身边一言不发。

这时，心理咨询师拿出一张纸来让男孩画一张自画像。画完后，这个头像没有嘴，问及原因，男孩说："我在家里只需要耳朵，不需要嘴巴。"

男孩的画表现出了他在家庭中扮演的角色，永远只是一个被训斥者。父母都应该认真反省，在生活中，自己是不是也无形中把孩子说话的权利给剥夺了，而孩子真正的想法，自己从来就没有关心过？如果是这样的话，父母要马上改正，少说一些话，多听听孩子的心声。

三是告诉孩子打断别人是不礼貌的行为。

有些孩子特别喜欢表现自己,听到别人说某件事,就情不自禁地把自己知道的全都说出来,甚至抢话说。其实,孩子这种表现很正常,他只是希望引起父母的注意而已,尤其是父母在谈话的时候,他希望父母多关注自己,因此,他试图以各种方式打断谈话。

这种情况下,父母要多多反省,自己是不是平时对孩子关注得太少了。如果是这样,父母就应该多抽出时间来陪陪孩子。

当然,父母要告诉孩子,随便打断别人谈话是对别人的不尊重,是不礼貌的行为;同时,还要告诉他在与别人交谈时,要认真倾听对方的谈话,当别人的话说完或者询问意见时,再发表自己的见解。

父母之间说话时要互相尊重,语气平和,语言得体,不能轻易插嘴,更不能互相争吵,为孩子作出表率。

四是大人说话时,适当鼓励孩子参与。

平时,父母在聊天时觉得自己谈论的都是"正经事",所以不许孩子参与。

其实,在大人的"正经事"中,孩子可以了解社会、了解大人的生活。如果孩子参与其中,正好可以借此机会锻炼他的表达能力和独立思考能力。因此,父母应该多鼓励孩子发表观点。

在日常的聊天中,当涉及一些家庭决策、财政支出等话题时,父母不妨听听孩子的见解。尤其是在商量孩子的事情的时候,一定要听听他的想法,征求他的意见,并让他自己作决定。

一般来说,喜欢插嘴、抢话的孩子思维都比较活跃,能跟得上大人说话的节奏,也能理解部分内容。所以,父母要以积极的态度来看待这种现象。当父母听到孩子正确的插话时,要适当地给予表扬,这样可以鼓励孩子更加积极地思考。当然,允许、鼓励孩子插嘴还要分情况,有些话题不适合孩子参与,父母就不要在孩子面前谈论,或是把他支开。不过,具体情况具体分析,父母还是要因势利导,引导他发表见解,这样也更利于亲子间的沟通。

第七章

培养孩子良好的行为习惯

1. 培养孩子遵守公共秩序的习惯

社会公共秩序是指人们在社会公共生活中为维护公共事业和集体利益而必须共同遵守的原则。遵守公共秩序是指遵守社会治安秩序、公共交通秩序、商品市场秩序、文化体育娱乐场所秩序、公共卫生秩序以及居住环境秩序等。每个人在这些公共场所都要自觉地做到有礼貌,讲文明,守规则。这是一个公民文明素养的表现。

遵守公共秩序是衡量一个人精神道德风貌和文明素养的重要指标。在公共场所自觉约束自己、方便他人、维护秩序,是做人的起码原则;相反,则表明缺乏道德修养。所以,作为公民,每个人都有遵守社会公共秩序的义务。

· 爸爸的高度,决定孩子的起点 ·

十月革命后的一天,列宁到理发店去理发。当时,很多人都在排队等着理发,而理发店里只有两个理发师,忙不过来。列宁进去后,亲切地向大家问好,接着问:"我应该排在哪一位同志的后面?"大家觉得列宁是国家的最高领导人,日理万机,不该耽误他的时间,就纷纷让位。列宁却微笑着对大家说:"谢谢同志们的好意,不过这样做是要不得的,每个人都应该遵守公共秩序,按照先后顺序理发,我也不能例外。"说完,他就拿了张凳子坐在了最后的位置。

社会的公共秩序是人们在长期的社会生活中逐步形成和完善的,代表着大家共同的利益,共同的意愿。遵守公共秩序,既是对集体的尊重,也是对自己的尊重,是文明社会中每个公民应具备的素质。没有秩序,任何社会活动都无法开展。

一位北京学者在日本经历了一次堵车,让这位学者终身难忘。虽然北京的堵车之严重已经让人"触目惊心"了,但见到日本那次堵车的情形,这位学者还是震惊了:从伊豆半岛到东京的路上,几万辆车一辆挨一辆排了一百多公里。那场景给人的感觉就是两个字:震撼!

那个时间段,几乎所有的车都是回东京的,在道路右侧堵成一条长龙。左侧空出一条"无车道",谁要是开到左侧,可以一溜烟直奔东京。可在漫长的等待中,就是没有一辆车插到空荡荡的"无车道"超行,一百多公里的塞车路上,不见一名交通警察维持秩序。

在近十个小时的时间里,车流一步一步地挪,一尺一尺地挪,静悄悄,不闻一声鸣笛。"他们自己竟把这绵延一百多公里的车龙化解了!如此坚忍、守秩序、万众一心的民族,真是可敬又可怕!"

这位学者不禁慨叹:可怕的秩序,可怕的日本人!

遵守公共秩序是社会文明的标志，它能体现出一个地方的管理水平和文明程度。尊重和遵守规则是一种教养、一种风度、一种文化、一个现代人必须的品格。如果你要想与他人一起和谐地生活，每个社会成员都要遵守一定的秩序。

规则秩序有两种不同的形式，其一是没有明文规定，只是人们在长期的公共生活中形成的道德经验与行为习惯，一些约定俗成、共同认可和遵守的行为规范，如乘车按顺序排队，在公共场合不大声喧哗，不破坏、污染环境等。其二是有明文规定的，这就是社会公共生活中的公约、规则、规章、纪律，如交通规则、公园游人须知、学校学生守则等，它通常带有一定的强制性，有的甚至与法律法规有所衔接。

一般谈论公共秩序的问题，主要以成年人为对象。但我们每个人都知道公共秩序是靠大家一起自觉维护的，孩子也是社会的一份子，出现在公共空间的机会很多，所以，爸爸有责任从小培养孩子遵守公共秩序的好习惯。

1)在各种活动中了解公共秩序

对于孩子来说，他们年龄尚小，并不清楚什么是公共秩序，也不明白为什么要遵守这些秩序，更不懂得该如何遵守公共秩序。与其对孩子进行生硬地说教和规定，不如通过各种形式，引导孩子了解并掌握参加公共活动的礼仪，让孩子了解这些秩序和规则。比如：衣着整洁，顺序入场；进场后不能打闹喧哗，乱丢废弃物；在活动进行中，要坐(站)在指定位置，不能随意走动、大声说话，不吃零食；鼓掌感谢工作人员(或表演者)的劳动；顺序退场等。带领孩子参加活动时，要严格要求、引导他从一点一滴做起，逐步养成讲礼仪的习惯。同时还要认识到，这种习惯的养成，不是一朝一夕的事，要放平心态，大胆地带孩子到真实的场景中去体验和学习，绝不能因为孩子出了点问题就禁止他参加公共活动。除了讲解、示范和严格要求、耐心引导以外,还可以创编或收集一些有关的故事、歌谣,辅导孩子诵读,使他通过具体形象感受和体验公共场所的规范和要求。也可以让孩子在角色游戏中练习参加公共活动的行为方式。

2)以身作则,言传身教

我们每个人都知道公共秩序是靠大家一起自觉维护的,只要有一个人缺乏自觉性,就会影响到公共秩序的维护,影响到大家的合法权益。所以爸爸要以身作则,用自己的言行为孩子做出榜样,教育孩子为他人着想,从自己做起,自觉遵守公共秩序。

2. 让孩子放弃"拼爹"的恶习

在这个世界上,大多数人都喜欢与别人攀比,适当的攀比心理会促使我们进步,促进社会经济的发展。在生活中,如果一个人大事小事都喜欢与别人攀比,而且总是过度盲目地去攀比,那样不但不会让我们过得幸福,还会让我们生活地很累,甚至会让我们的人生观、价值观错乱,甚至会让我们走向歧路。

宁辉读小学五年级,虽然因为"义务教育"而不用在学习上花什么钱,但生活中他绝对算个高消费一族。

看看宁辉的衣服、鞋帽就知道,每一样都是大商场里的牌子货,他房间里的布置也很高档。

那么,他家一定很阔绰吧?

其实不然,他的爸爸妈妈都是民企的小职员,收入勉强在小康水平。可宁辉却从不顾及爸妈的辛苦和家庭的经济情况,总是向爸爸要这要那,非名牌不穿,非高档不要。

为此,他的爸爸妈妈省吃俭用,把钱都花在了儿子身上。

爸爸妈妈也曾教育过孩子,但没有起到太大作用,常常是你说一句,他说十句顶回来,宁辉常说的理由就是,别人都穿名牌,自己不能太差,那样会被人家瞧不起;别人吃的用的都是高档的,自己也不能太寒酸。

每当听儿子这么说,爸爸妈妈虽说无奈,但一想到只有这么一个宝贝疙瘩,自己挣的钱早晚都是他的,索性就满足他的要求吧。

也许你身边也有像宁辉这样的孩子,同时也存在像宁辉爸爸这样的爸爸妈妈。宁辉显然是爱攀比的典型,而他攀比心形成原因主要来自爸爸的教育失当。其他有类似的情况的孩子大多也是因为教育不当所致。由于现代的家庭孩子少,爸爸总是怕孩子受委屈,于是对孩子总是有求必应。自己孩子穿的、戴的都不能比别人差,别人的孩子买什么,咱家的孩子也得买,绝不能让人家比下去。因此,这种溺爱,纵容了孩子的攀比心。

此外,爸爸平时的表现也很重要。比如,有的爸爸爱和别人拼消费,喜欢显摆,那么孩子自然会效仿。

应该说,如何正确对待孩子的"攀比心理",是我们家庭教育中的一个重要的话题,这个问题在孩子的成长过程中有的时候也许不会那么太明显,但处理不好这个问题,就很有可能会影响到她们的一生,而且对于这个方面的教育也是我们在对孩子进行教育时容易疏忽的一个问题。

因此,爸爸应该及时引导,让孩子知道,良好的生活条件要靠自己创造,爸爸的成就并不是孩子的荣誉。爸爸应把他们的竞争注意力从家庭条件引向个人能力和学习成绩,从而使攀比演化成校园内的良性竞争。

1) 对待孩子要疼爱有度,不要放纵

如果爸爸对孩子有求必应,会很容易导致孩子养成过度的自我中心的心理。你对孩子百依百顺,娇生惯养,姑息迁就,孩子就会有恃无恐,消费无度,进而很容易造成攀比惯性。

同时,爸爸们也要注意,不要存在"我的孩子不能比别的孩子差。别的孩子有的我的孩子也应该有;别的孩子没有的,我的孩子也要有"的想法。如果连爸爸都有这种虚荣心,那么就很难在实质上帮助孩子,反而会推着孩子朝着错误的方向越走越远。

2) 引导孩子学会正确的比较

孩子年幼,尚没能形成正确的价值观和审美观,这就要求爸爸多加引导,让孩子学会正确的比较。比如,告诉孩子不要比较彼此的分数和得到的表扬,而应比较一下彼此对集体作出的贡献;不要和别人比吃比穿,而应多比较一下彼此的学习成绩和进步情况。同时还要提醒孩子,不要与和自己相差太多的同学来比,那样很容易造成自满或者自卑情绪。

3) 利用攀比的正面因素

有的时候,攀比也有着正面的意义,它可以激励孩子不断进步,不断向比自己强的人学习,等等。比如,孩子的学习积极性不够,爸爸可以采取一定的奖励制度,把孩子喜欢的东西作为奖品,达到目标给予奖品。但爸爸也要注意,使用这个方法时不能操之过急,要订立合理的目标。通过这种比较,孩子不但不会滋生不良情绪的行为习惯,反而会激发斗志,让自己取得更多更大的进步。

需要提醒的是,对于孩子攀比心理的改变,爸爸要耐下心来,认真地分析孩子产生攀比心理的原因,不要因此斥责或者惩罚孩子,而应采取恰当的方法,帮助孩子告别攀比的恶习。

3. 培养孩子勤俭节约的习惯

有这样一个故事：

从前，有个叫吴成的农民，他一生勤俭持家，日子过得无忧无虑，十分美满。他临终前，把一块写有"勤俭"两字的横匾交给两个儿子，告诫他们说："你们要想一辈子不受饥挨饿，就一定要照这两个字去做。"

后来，兄弟俩分家时，将匾一锯两半，老大分得了一个"勤"字，老二分得一个"俭"字。老大每天日出而作，日入而息，年年五谷丰登。然而他的妻子却过着大手大脚的日子。久而久之，家里就没有一点余粮了。而老二却一味地追求"俭"，把"勤"字忘到了九霄云外。他不勤奋耕作，因此每年他所收获的粮食不多。尽管一家人节衣缩食、省吃俭用，但是仍然难以持久。

这一年大旱，两兄弟家中早已空空如也，他们始终无法明白父亲临终前的那句话。这个时候，突然有纸条从窗外飞进屋内，兄弟俩连忙拾起一看，上面写道："只勤不俭，好比端个没底的碗，总也盛不满！"两兄弟俩看后豁然开朗，吸取教训，将"勤俭持家"四个字贴在自家门上，提醒自己，告诫妻室儿女，身体力行，此后日子过得一天比一天好了。

可见，勤俭是一种立身、立家、立业的美德。所谓勤俭，包括勤劳和节俭两个重要方面，缺一不可。勤俭持家、节俭做事，需要有一分一文的节俭意识，需要有积少成多的节俭行为，需要有一以贯之的节俭传统。

勤俭节约是中华民族千百年来的传统美德。纵观古今，凡是通过艰苦奋斗取得突出成就的人,都拥有节俭这种崇高美德。很难想象,一个穷奢极欲、挥金如土的人会有崇高的理想和艰辛创业的精神。

勤俭节约既是对创造财富的劳动者的尊重,也是对用自己的血汗钱购买物品的爸爸的尊敬。毛泽东对孩子的勤俭教育可以成为当今每一个爸爸的楷模。据说当他看到儿女们吃饭时把饭粒撒在了桌子上时,就让孩子把饭粒拾起来吃掉,并背诵"锄禾日当午,汗滴禾下土。谁知盘中餐,粒粒皆辛苦"的诗句给孩子听,教他们懂得农民种田的辛苦,让孩子们从小养成尊重别人劳动成果的习惯。

为了培养孩子勤俭节约的习惯,爸爸们可以参考以下建议:

(1)充分认识到培养孩子勤俭节约的意识是塑造良好品德的开端

美学大师朱光潜曾经说过"有钱难买幼时贫",这并不是让孩子去过"苦行僧"的生活,而是为孩子创造俭朴的家庭环境,让孩子继承中华民族的俭朴美德。

(2)让孩子从小事做起,养成节约的习惯

首先,要在生活细节上养成节约的习惯,比如爱惜粮食、人走灯灭、一水多用、爱护衣物等;其次,在使用学习用品上要讲节约,不要因为写错一两个字就撕掉一大张纸,不要老是碰断铅笔芯等。

(3)适当对孩子进行金钱与消费的教育

在家庭教育中,要不要对孩子进行金钱和消费的教育,爸爸的看法各不相同。

有部分爸爸是反对进行这类教育的。中国传统教育明确主张:君子喻于义,小人喻于利。追逐名利是小人行为,让孩子小小年纪接触金钱,学习理财,会染一身铜臭,孩子哪里还有心思学习呢?所以,虽然爸爸为孩子买吃买穿,给缴学费、培训费,花钱游乐,买保险等,日常生活经济生活无处不在,但爸爸不让孩子知道这一切。

有的爸爸认为,要培养孩子勤俭节约的良好品质,小小年纪就让孩子接触金钱、消费,会染上好吃懒做、浪费等坏习气。他们觉得孩子不懂花钱才好呢。

也有爸爸却直截了当地教育孩子,有钱如何如何好,放手让孩子花钱。他们认为,孩子养成了高消费的习惯,长大了就会想方设法去赚大钱。

看法和做法尽管不同,但是,爸爸已经用自己的言行对孩子进行金钱与消费方面的教育,只是他们的观念不同,因而教育的方法也就不同。

其实,要不要对孩子进行金钱与消费的启蒙教育,并不难回答。当前,我国正提倡和推行素质教育,其中一项基本内容是:学会生存。孩子生活的当今社会,是社会主义市场经济社会。生产、交换、分配、消费是社会生活的基本内容。孩子要学会生存,就是学会在市场经济社会中生存。对孩子进行金钱和消费教育的必要性,是不言而喻的,关键是教什么、怎么教,也即教育的科学性问题。

对幼儿的金钱与消费教育应在日常生活中进行,让幼儿通过感受切实可见的生活细节接受教育。幼儿期的金钱与消费启蒙教育的重点在观念教育,以及最初级的消费行为指导。

(4)让孩子初步懂得金钱的作用和合理的消费

钱与购物之间的关系,在认识钱币的过程中,孩子已经明白。正确地说,钱的作用在于通过购物、缴费等活动达到其他目的,如购买吃穿物品,使人得以生存;用钱缴学费,让孩子能受到一定的教育,而得以发展;花钱娱乐,能让我们在体育、休闲中使身体能够健康发展;通过捐款助人而得到精神上的满足。

我们自然不能奢望幼儿完全理解金钱的作用,但在孩子认识金钱的时候,要注意让孩子树立起"钱是有用的,但钱也不是万能的"意识。这是教给孩子如何选择、如何作出正确决定的依据。

让孩子在实际生活中,初步懂得合理的消费,并学习选择。如外出要乘车时,可和孩子商量选择途中风景较好的一段路下车,徒步前往。途中一边欣赏风景,认识各种花草树木,一边说说唱唱,或玩玩成语接龙,说反义词等游戏,让孩子体会徒步前往的乐趣。事后再与孩子算笔账,通过步行,少坐了一段路的车,省了多少车钱,可以转作什么用途。同样,改去儿童游乐场为去野外爬山;改去肯德基吃饭为买点烤白薯;改去影院为去公园……尽量让孩子明白,日常生活离不开金钱,但生活中的许多乐趣并不是用金钱就能换来的。

(5)应该让孩子了解家庭收入和支出

一部分爸爸、特别是独生子女的爸爸,常常在家庭经济紧张的情况下,千方百计地满足孩子的各种消费需求,造成家庭经济紧张。

让孩子了解家庭的收支情况,理解爸爸在开销上的节省和限制,树立良好的理财观念。

让孩子了解家庭的收入和支出,有助于孩子克服攀比心理和乱花钱的毛病。

(6)树立"适度消费"的观念

家庭条件较好的孩子,也需树立节俭观念,不可超前消费。要使孩子认识到,自己还没有真正通过劳动为社会、为家庭创造财富,衣食住行和接受教育要靠爸爸和国家承担,所以没有理由在生活消费上提出过高的要求。

爸爸要有正确的消费观念、消费行为,引导青少年不攀比,不追求时髦,不追名牌。

有一些孩子喜欢用爸爸的劳动所得大方地"献爱心"、"帮助别人",这是不值得提倡的。应当教育孩子:靠自己的力量帮助别人才有意义。

让孩子知道帮助别人的方式多种多样,可以是物质的、也可以是精神的,在自己还没有创造财富、不能以金钱来帮助别人时,可以选择其他的帮助方式。

对于孩子的不适当要求,爸爸要敢于说"不"。

(7)允许孩子在一定条件下自己计划花钱

单纯限制不是解决孩子乱花钱的好办法。对于初中以上的孩子,爸爸可以考虑在家庭经济条件允许的范围内,由孩子掌握自己的日常开支,这有助于帮助孩子学会计划花钱。

在指导孩子自主消费的过程中,爸爸可以给孩子提出建议:量入为出,避免攀比;学会计划,适当存款;比较价格,科学购物;明智选择,自我保护。

4. 制定劳逸结合的时间表

生活有规律,对于儿童的身体健康和智力发展都有很好的作用。充足的睡眠、合理的进餐、有序的学习与游戏玩耍,能够充分满足孩子的生长需求,保证孩子能有充沛的精力和体力进行活动。小学生每日的睡眠时间应为8—10小时。睡眠不足将严重影响儿童的生长发育。孩子在睡眠时,能使大脑得到充分的休息,同时体内的生长激素大量分泌,以保证孩子的正常生长发育。

在孩子的生活和学习中,合理作息尤其重要。休息好,孩子才能有足够的精力去学习,提高学习效率。合理安排好孩子的作息时间,会让孩子觉得学习是一件快乐的事。

很多的孩子整天在书桌旁学习却没有好的成绩,大多是由于不专心导致的。他们坐在那里发呆,捧着书本却心系别处,或者望着天空想入非非。这样的状态,怎么能够学好知识呢?

孩子的各种习惯,都是从小养成的。科学合理的作息可以使孩子养成好习惯，对孩子的生活和学习都是有利的。爸爸应与孩子坐下来，共同制定一个合理的学习时间表，让孩子自己遵照执行，爸爸只需要不时地提醒就行了。一般来说，孩子是根据自己的喜好订立的时间表，而且在时间安排上又比较灵活、宽松，他自然会比较主动地照时间表做，遇到管不住自己的时候，爸爸提醒，也不会逆反，做起功课来效果也就好得多。

制订孩子的作息时间表一定要考虑孩子的个性特点和实际情况，最好是让孩子自己参与制订。下面一个例子，应该给我们的爸爸一些有益的启示：

娇娇的爸爸原本替娇娇订下了一个她认为是十全十美的作息时间表：早晨6点起床，中午放学回家，吃完午饭后，做1小时功课，然后上学；下午回家，先补1小时历史，再看妈妈替他预录的卡通节目，然后有半小时的自由活动时间，晚饭后，可以休息一会儿或到附近公园散步，之后回家再温习功课，然后才上床睡觉。

娇娇的爸爸满以为有了这样的作息时间表，肯定对娇娇的学习有很大的帮助，谁知实行了没有几天，她便很快发现娇娇的功课愈做愈慢，有时候还打瞌睡；有时在娇娇的功课还未完成时，他的好同学小倩便打电话来问她看了某个电视节目没有；每天晚上的散步也似乎令娇娇疲累过度，根本不能在晚上集中精神学习了。

明智的娇娇爸爸及时发现时间表确实有问题，于是果断地做出改动，午饭后让娇娇有点午睡时间，下午看了儿童节目才开始做功课，晚上的散步时间也视孩子的需要而增多或减少。

这样，时间表变得更具弹性，娇娇的学习兴趣也比从前增加了。

帮助孩子制定时间表，一定要注意劳逸结合，在学习与游戏之余，应保证孩子有足够的体育锻炼时间，让孩子从小形成积极参加体育锻炼的好习惯,这不但有益于孩子的身体健康,而且有益于孩子意志品质的培养。帮助孩子集中注意的要点:布置干净整洁的学习环境,避免外界干扰;让孩子在学习前先喝水、上厕所;每次安排的学习时间不要太长,最多在40分钟左右;学习内容的安排可由难到易;在孩子不专心的时候,及时提醒孩子;让孩子自己完成作业,不要陪读。

帮助孩子制定好学习计划;及时表扬、奖励孩子专心学习的行为。

爸爸在为孩子制订时间表时,要注意长、短计划相结合。长期计划是在一个较长的时间内应达到的目标,长期计划的第一步,是要注重孩子内在的思想和感情,而不只是关心他们表露在外的不满和反抗。短期计划虽然也是每天的具体作息表,却也应当注重"模糊概念",比如不要具体规定几点几分起床、睡觉,几点几分吃饭、看电视、做作业,而应当是在几点之前休息,几点至几点起床,作业必须在看电视之前完成,看电视的时间在多少时间之内等等。

制订一个有弹性的、适合孩子性格特点的时间表,才会有助于孩子养成有规律的学习和生活习惯。

5. 善于自省的孩子才能完善自己

自省即自我反省,它是一个人得以认识自己、分析自己,并有效提高自己的最佳途径。自省,是对自己的行为思想做深刻检查和思考、修正人生道路的一种方法。

对于孩子来说,学会自我反省,更是关系到他们当前的良好发展和日后的人格塑造。一个不懂得自我反省的孩子,永远不会懂得自己的过错与不足,必然会为他们的成长平添许多障碍与烦恼,反之,当孩子学会了内省,便能做到"扬长避短",获得良好的进步和发展,从而成为一个自信、自立、自律的人,才能顺利地越过成长过程中的障碍,抵达成功的彼岸。

司马光是北宋著名的政治家和史学家,从小就非常聪明,学什么会什么,因此很多人都称他为小神童。司马光也很得意,觉得自己很了不起。

有一天,小司马光路过厨房时,一股香味迎面扑来,走进厨房一看,原来仆人正忙着做司马光最爱吃的八宝饭。司马光一见,立即嚷着要吃。可是,八宝饭还没有做好,怎么吃呢!一个机灵的仆人笑着逗司马光说:"看到这些青核桃仁了吗?如果你能把核桃仁上的这层青皮剥掉,马上就可以吃到香喷喷的八宝饭了!"

司马光一听就乐了:"这好办,你们等着,我很快就可以剥掉!"说完,跑出厨房,坐在院子里,认真地剥起核桃仁来。没想到,这层青皮虽然很薄,但是要想剥下来却并不容易。

一开始,司马光用指甲一点点地抠,可是,抠了半天,不但没有剥出几个,反而捏碎了不少。就在小司马光急得抓耳挠腮的时候,一个丫环走过来,悄悄告诉他:"公子,你只要把核桃仁放进开水里泡一下,就好剥了。"司马光试了一下,果然很灵,所以没一会儿工夫就把一大盆核桃仁都剥出来了。

看着白嫩嫩的核桃仁,司马光高兴极了,急忙拿去给姐姐看。姐姐惊奇地问:"这都是你自己剥的吗?"司马光本来想说这是丫环教他的,可又怕丢面子,就说:"当然了。"

司马光话音刚落,父亲就从旁边走过来,非常严肃地说:"光儿,我刚才明明看到是丫环教你剥的,你怎么不肯承认?"被父亲一批评,小司马光的脸顿时红了。

这时，母亲走过来说："光儿，你父亲说得对，是别人教你的就是别人教你的，来不得半点虚假，怎么可以撒谎呢！你应该好好地反省一下自己，做人可一定要谦虚呀。"那天晚上，司马光就一直在房间里认真地反思自己。从那以后，他总是每隔一段时间就进行自我反省，看看自己哪些事情做得对，哪些事情做得不对，并且在遇到问题的时候虚心向别人请教，终于成为著名的历史学家和政治家。

一个人只有不断地反省，才会不断地提高。一个人进步的能力、学习的能力，就体现在于他反省的能力上。若能通过自省找到自己的优势，并将优势发挥到极致，他就能在该领域中取得非凡的成就，获得人生的成功。

一个不会自我反省的孩子永远也长不大。只有通过反省，孩子才能及时修正错误，并且不断地调整自身对于外界信息掌握的灵敏度和准确度，以确保正确地把握自己的生活。

自我反省是认识自我、发展自我、完善自我和实现自我价值的最佳方法。爸爸们不妨在每天结束时，让孩子好好问问自己下面的问题：今天我到底学到些什么？我有什么样的改进？我是否对所做的一切感到满意？如果孩子每天都能改进自己的能力并且过得很快乐，必然能获得意想不到的丰富人生。真诚地面对这些提出的问题就是反省，其目的就是让孩子不断地突破自我的局限，省察自己，开创成功的人生。

1)引导孩子预见事物的后果

孩子年龄小，自制力较差，容易在冲动的情况下做出不计后果的事情。因此，爸爸应该适当地启发孩子事情的后果，让孩子进行自我反省。只有让孩子意识到了自己所做事情会产生的后果，孩子才会努力去克制自己的行为。

一次,爸爸带李阳去商店。李阳看到了一把非常漂亮的手枪,而且还有五颜六色的子弹,他非常喜欢,就吵着要爸爸买下来。爸爸看了看那把手枪后,对儿子说:"这把玩具手枪华而不实,不好玩,而且很容易摔坏,我们再看看别的好不好?"

李阳不听,执意要买。爸爸想了想,对他说:"我可以答应给你买,但你要承诺,买了这把手枪之后两个月之内不许买别的玩具,否则我就不给你买。"

李阳看着那支漂亮的手枪,高兴地答应了。但买了之后,孩子却发现,这支手枪并没有他想象的那样好玩,子弹一会儿就没了,而且没有力度。并且一次不小心,他把这支手枪摔到了地上,从此它再也不能发射子弹了。看着别的小朋友都玩着他们结实而耐用的玩具,李阳一点儿都不高兴。

聪明的父亲看出了小李阳的想法,对他说:"孩子,别为已经做错了的选择而后悔。现在,你需要做的是吸取这次失败的经验,学会自我反省,下次你知道怎样去做就可以了。"

李阳听了爸爸的话,把小手枪挂到了自己房间的墙上,他要让它时刻提醒自己,不要任性、不要贪图虚荣。

2)让孩子自己承担犯错误的后果

孩子犯了错误时,许多爸爸往往喜欢替孩子承担做错事的后果,这种行为是非常不对的。这不仅让孩子失去了责任心,更使他不会反省自己的错误,从而一而再、再而三地犯相同的错误。因此,明智的爸爸不要替孩子承担后果,而是应该让孩子自己来承担做错事的后果。

一个有点懒的小男孩,周末为了多睡一会儿,就把他的小闹钟拨慢了一个小时,因此他美美地多睡了一个小时。但是,他却忘了把它调回正常状态。

周一,快到上课的时间了,妈妈发现儿子还在睡觉,再看看他的小闹钟,妈妈马上明白了是怎么回事。但是,她没有叫醒儿子。当这个小男孩像平常一样背着小书包来到学校时,他发现同学们已经上完一节课了。结果可想而知,他被老师狠狠地批评了一通。

回到家后,心情沮丧的小男孩开始埋怨妈妈没有叫他起床,这位聪明的妈妈对儿子说:"儿子,每天睡觉前你为什么不把闹钟调好?你总习惯别人提醒你做你自己的事,但别人是不可能一辈子提醒你的。你要学会自己提醒自己,做错事后自己反省自己的错误!"

从此以后,这个孩子很少犯同样的错误。

3)引导孩子进行自我反省

列宁八岁那年,有一次母亲带着他到阿尼亚姑妈家中做客。活泼好动的小列宁一不留神,把姑妈家的一只花瓶打碎了。但是,谁也没有看见。

后来,姑妈问孩子们:"是谁打碎了花瓶?"其他孩子都说:"不是我。"

而小列宁因为在生人家里害怕,怕说出实话会会遭到不大熟悉的姑妈的责备,所以他也跟着大家大声回答:"不——是——我!"

然而,母亲看他的表情,已经猜到花瓶是淘气的小列宁打碎的。因为这孩子特别淘气,在家里经常发生类似的事情。但是,小列宁向来是主动承认错误,从未撒过谎。

于是,小列宁的妈妈就想:应该怎样对待孩子撒谎这件事呢?当然,最省事的办法就是直接揭穿这件事,并且处罚他。但是列宁的妈妈没有这么做。她认为,重要的是教育儿子犯错误后要勇于承认错误,做一个诚实的好孩子,而不是责备他。于是她装出相信儿子的样子,在三个月内一直没有提起这件事,而是给儿子讲各种各样的诚实守信的美德故事,等待着儿子的良心深处萌发出对自己行为的羞愧感。

　　从那以后,列宁的妈妈明显地感觉到,儿子不如以前活泼了,似乎是良心正在折磨着他。

　　有一天,在小列宁临睡前,妈妈又像往常一样,一边抚摸着他的头,一边给他讲故事。不料小列宁突然失声大哭起来,痛苦地告诉妈妈:"我欺骗了阿尼亚姑妈,我说不是我打碎了花瓶,其实是我干的。"听着孩子羞愧难受的述说,妈妈耐心地安慰他,说:"给阿尼亚姑妈写封信,向她承认错误,姑妈一定会原谅你的。"

　　于是,小列宁马上起床,在妈妈的帮助下,给姑妈写信承认了错误。

　　当孩子做错时,爸爸不要一味地斥责,这样容易引起孩子的反感,甚至会激发起孩子的逆反情绪。爸爸可采用冷静的态度,从侧面引导孩子进行自我反省,认识自己所犯的过失,从而帮助孩子形成正确的是非观念。

　　一个善于自我反省的人,往往能够发现自己的优点和缺点,并能够扬长避短,发挥自己的最大潜能;而一个不善于自我反省的人,则会一次又一次地犯同一些错误,不能很好地发挥自己的能力。

　　其实,每个人都有缺点、每个人都会做一些平凡的事情、每个人都会犯错误、每个人都会不如意……但是,这时候,如果只抱怨他人或环境,他就不可能认真去做这件事,也就不可能取得成功。如果一个人不断反省自己,寻找更好的方法去弥补自己的缺点和失误,成功就一定会来到。

6. 为孩子设定合理的目标

一位育儿专家指出:"总让孩子努力,却总不让孩子尝到成功的甜头,他哪来动力呢?让孩子尝成功的甜头有个诀窍,不妨称为'够苹果原理':跳一跳,够得着。爸爸必须在接纳孩子目前成绩的前提下,承认孩子与孩子之间的差异,面对孩子每一次的成功与失败,要像最初教孩子说话和走路那样,对未来充满信心与希望。要针对孩子的实际情况,不要把尺度定得太高,要定在孩子够得着的范围之内。让孩子在成功的良好感觉下轻松愉快地飞翔,否则只能痛苦而缓慢地爬行。"

作为父亲,应该如何在孩子做事过程中赏识和鼓励孩子呢?专家为我们提出下面几条建议:

(1)为孩子设定"小目标"

不要认为赏识一定要怎样夸奖孩子,针对孩子的实际情况,为孩子设定一个"够得着"的小目标,这本身就是一种有效的赏识,而且这种情况下的赏识不会产生"副作用"。

有一个故事:某个炼钢厂员工生产效率低下。一天,公司总裁到工厂视察,他询问了当天日班工人的产量,把这个数字写在身边一块大大的黑板上,除此之外再没说一句话。当晚,夜班工人看到这个数字,当他们知道这个数字代表的意思后,决心一定要超过这个产量。果然,第二天清晨,原来的数字不见了,在黑板上的是一个新的、高得多的数字,那是夜班工人的产量。日班工人又不服气了,他们努力干了一天,终于又一次改写了产量。就这样,工厂的生产蒸蒸日上。

值得注意的是,在这个故事中,工人并没有从他们的行为中获得什么实在的好处,正是一个"跳一跳,够得着"的目标激发了他们的热情和力量。设定一个合适的目标。"跳一跳,够得着"是很好的形容。如果孩子不需要跳起来就够得着,那就失去了目标的意义。但如果跳起来也够不着,那就不能让孩子获得成功和自信,反而可能让孩子感觉沮丧。

①为孩子设定得体的目标。

为了为孩子设定这样的目标,须注意如下几点:

第一,爸爸应该对孩子的能力和现实条件有一个正确认识,切忌急于求成;第二,在目标设定时应该和孩子一起决定,这样不仅能听取孩子的意见,也能让孩子更有积极性;第三,如果爸爸对孩子的情况把握不准,最好与孩子的老师商量;第四,可以考虑给孩子设定一个只要努力就一定能够得着的目标,比如孩子背圆周率小数点后30位数字,就是一个很好的例子。

②强化孩子的目标意识。

要让这个目标在孩子心中扎根。比如可以把目标写在墙上悬挂的黑板上,或者用彩色纸写了贴在墙上。如果目标有一定的时间限度,那么再给孩子一本"目标日历",目标应该完成的那一天被显著地标明。

可以让孩子养成一个习惯:在晚上睡觉前问自己一个问题:今天,我为我的目标做了些什么?不要求孩子记日记,但鼓励孩子在"目标日历"上写点或画点什么。比如画上一张笑脸。

③给孩子找个竞争者。

有个竞争者能极大地鼓舞孩子,但是,如何选择竞争者也是个问题,让孩子把某个同学当做竞争者是可以的,但不要目标太高,每次都盯着第一名,可以让孩子选择一个比较熟悉、成绩略好于自己的同学作为竞争对象。同时,要多与孩子交谈,告诉孩子"友谊第一",不要让孩子滋生对竞争对象的敌意。让孩子自己和自己竞争也是很好的办法。

④在小目标达成后给予适当奖励。

奖励最好是非物质的。比如,在那天的晚餐时,给孩子的座位上放一个好看的垫子,让孩子在晚饭前"致辞",全家人表示庆贺。也可以参照我们上面的做法,让孩子自己给自己"颁奖"。或者让孩子选择一件他自己喜欢做的事,看电影,打电脑游戏,或者去肯德基吃饭。

(2)在孩子犹豫迟疑的时候给予支持和鼓励

赏识最发挥作用的时候,应该是孩子想"跳"又有点怕的时候。这时,"赏识"就是一只有力的手,在孩子后面用力推一把。

①尽量少用奖励诱惑孩子。孩子毕竟不是马戏团的动物,"奖励"虽然会起到作用,但也常会有副作用。我们要让孩子前进的动力来自自身,而不是外在的诱惑。

②不要过分强调孩子的潜能,强调孩子"一定能行"。这种办法对一部分孩子管用,而对另一些天性比较胆怯的孩子来说,可能反而增加了心理负担。

③给孩子一个示范。如果你玩过一些刺激性的游戏,比如拓展或蹦极,你就会有这种体验,你前面的那个人对你有很大的影响。如果排在你前面的人玩得很顺利,而且一副兴高采烈的样子,你也会跃跃欲试;相反,如果他怕得要死,你恐怕也会有些犹豫。孩子更是这样,给他一个漂亮的示范,孩子的信心就会增强。

④让孩子想象。让孩子设想自己成功的样子,在头脑里细致地描绘这幅图画,让它越来越清晰,清晰到如同身临其境。这种方法在心理学上已经得到了肯定,它能有效地增强人的信心。

⑤解除后顾之忧。跟孩子说一句:"你放手去做,做好了算你的,做坏了算我的。"让孩子解除对失败的恐惧,这也有利于增强孩子的勇气。

⑥激一激孩子。比如有一种游戏是走吊桥,吊桥晃来晃去,又没有扶

手,孩子害怕。这时,爸爸不妨先走过去,对孩子说:"你要是不过来,我们就走了。"让孩子处于一种必须靠自己力量克服困难的境地。

(3)在孩子失败的时候加以赏识

孩子失败的时候也要对他赏识吗?有些爸爸可能不解。其实,孩子失败的时候可能更需要这件武器。如果这时不"赏识"孩子,孩子可能得到的不仅是失败,而且还有失败留给他的沮丧心情,这可比失败本身可怕多了。而有了这件武器,孩子就能从失败中得到一些可贵的东西。

7. 习惯养得好,终生受其益

俗话说:"习惯养得好,终生受其益。""少成若天性,习惯成自然。"可见,习惯是行为不断重复制造出来,并根据自然法则养成的。每个好习惯或者坏习惯都不是天生的,每个人都可以依据自己的价值取向有意识地培养某种好习惯,或纠正某个坏习惯,习惯是可以培养的。从小养成的良好习惯对人一生有深刻的影响。对于孩子来说,要成就学业、事业,要拥有美好人生,必须养成好的习惯。

在《钢铁是怎样炼成的》一书中有这样的情节:有一次,保尔参加青年团员们的争论:人能不能克服已养成的习惯,比如吸烟?保尔说:"人应该支配习惯,而不是习惯支配人。"

当时有位青年嘲笑说:"保尔就会说漂亮话……问他自己抽不抽烟?抽的。他知不知道吸烟没有好处?知道的。"保尔听后,马上将口中正抽着的烟卷拿下来揉碎,说:"从今以后,我绝不再抽烟。"从此,保尔以坚强的毅力,戒掉了几乎是从儿童时代就养成的抽烟习惯。

养成好习惯方法极为简单,结果如何取决于决心。那么,如何有效地培养孩子的好习惯、引导他克服坏习惯呢?

(1)要抓住教育的关键期

自从奥地利动物心理学家洛伦兹发现动物行为发展的关键期,并荣获诺贝尔奖后,人类广泛地开展了对自身各种能力与行为的发展关键期的研究。

研究发现,孩子习惯的养成有一个关键期的问题。幼儿园和小学是培养生活习惯与学习习惯的关键期,而到了中学,就是改造习惯的时期了。

在儿童时期养成的良好习惯,孩子可以受益终生;在儿童时期养成了坏习惯,就有可能终生受到伤害。因此,在养成习惯的过程中,一定要注意利用儿童的关键期。如果错过关键期,对习惯的改造将要比塑造艰难得多。抓住关键期进行习惯的培养,可以取得很好的效果。

要使孩子养成一种好习惯,爸爸一定要注意孩子第一次出现的行为。例如,孩子第一次骂人的时候,他并不是道德驱使,而是觉得好玩。这时候,孩子会观察爸爸或其他成人对自己行为的反应。如果成人的态度是冷淡的、严肃的,孩子就会明白:"大人不喜欢我的这种行为。"由此,他会减少这种行为。如果这时有成人对孩子的行为表现出赞扬、夸奖或者高兴地笑等反应,孩子就会觉得自己的行为是受到成人喜欢的,由此,他会增加这种行为出现的频率,从而养成不良的习惯。因此,爸爸一定要注意抓住教育的关键期来教育孩子。

(2)营造良好的家庭环境

家庭文化体现在家庭成员的价值趋向、道德品格、情感志趣和生活方式中,也体现在家庭环境建设和衣、食、住、行中。家庭文化环境对人的习惯的影响是全方位的。家庭文化同其他方面文化相比,亲和力、感染力更强。家庭文化对人的习惯的影响最早、最持久。因此,习惯更容易在家庭中"遗传"传递。在家庭文化环境中,重要的是爸爸的所作所为。孩子的模仿能力很强,爸爸是孩子的榜样,爸爸的言谈举止,潜移默化地影响着孩子。

爸爸要为孩子树立良好的榜样。在家里,孩子在写作业时,爸爸就少打点麻将,少看电视,尽量不影响孩子。大人在那边看电视看得津津有味,嘻嘻哈哈的,却要求孩子静下心来学习,这是很不公平的。孩子在写作业,爸爸也可以在旁边看看你的书,给孩子一个榜样,给孩子一份力量,这样孩子自然就心静了。

爸爸要注意身教,爸爸的一举一动,都要做孩子的榜样,因为儿童的模仿能力强,看到好的举动,无形中就会模仿,反之也一样,所以,爸爸要多给孩子正面的形象。正所谓:孩子是爸爸的影子,孩子对于外界是全方位吸收的,看到什么学什么。

(3)发挥孩子的主动性

在儿童习惯养成的过程中存在一个误区,那就是习惯养成的过程变成了奴役儿童的过程。就是大人在研究习惯,定规范,强迫孩子去执行,这样做就很可怕,孩子始终处于被动中,处于爸爸的高压下,孩子自己的主动性发挥不出来。有的爸爸就采用这种"逼"的方式,"压"的方式,每天逼孩子弹琴多长时间,逼孩子每天看书多长时间,逼孩子每天必须要完成各种任务……一直约束着孩子,始终不敢放手让孩子自己管理自己,这样的孩子就特别被动。

真正好的教育应该是孩子的自我教育。会教育的爸爸是会想方设法调动孩子的主动性,让孩子自己学会管理自己,自己学会约束自己,充分调动孩子自己养成习惯的主动性,让孩子觉得养成这个习惯对自己会有很大的帮助,让孩子觉得自己喜欢养成这个习惯。这才是最考验爸爸教育智慧的地方,也是评价一个爸爸教育水平的重要标志。

(4)鼓励孩子从身边的小事做起

训子千遍,不如培养一个好习惯。没有说出来的习惯,只有练出来的习惯。比如:有些爸爸教孩子尊敬长辈,然后对着孩子说一大通道理,应该怎么样,这样往往没什么效果。最好的办法就是从身边的小事开始训练孩子尊敬长辈。比如:爸爸下班回家,让孩子帮爸爸拿一双鞋过来给爸爸换上,再让孩子给爸爸倒一杯水。或者妈妈在厨房做菜,让孩子帮着妈妈择菜。

要知道,孩子,特别是很小的孩子,他不能理解太高太大的事情,给他讲大道理的作用小。要让他明白什么是爱心、孝心,最好的办法就是用"做"的方式,鼓励孩子从身边的小事做起。比如:孩子总把家里搞得很乱,家里刚刚收拾好,又被孩子弄乱了,爸爸看到了,气不打一处来,一边说孩子:"你怎么这么不懂事,没看到家里刚刚收拾好吗?爸爸妈妈这么辛苦,你也不体谅体谅爸妈。"然后,却又不让孩子去收拾,自己又赶紧收拾好。这就失去了一个很好的教育孩子的机会。

(5)好习惯要在生活中培养

日本教育家福泽谕吉说:"家庭是习惯的学校,爸爸是习惯的老师。"事实正是如此,孩子习惯的养成主要在家里,爸爸应该注重在生活中培养孩子的各种良好习惯。

陶行知先生认为,各种知识和技能的学习最好在生活中进行,习惯培养更应该如此。他在《生活教育》一文中写道:"生活教育是生活所原有,生活所需自营,生活所必需的教育。教育的根本意义是生活之变化,生活无时不变,即生活无时不含有教育的意义。因此,我们说'生活即教育',到处是生活,即到处是教育;整个社会是生活的场所,亦即教育之场所……生活教育与生俱来,与生同去。出世便是破蒙,进棺材才算毕业……

随手抓来,都是活书,都是学问,都是本领……自有人类以来,社会即是学校,生活即是教育。"

德国哲学家康德从小就在父亲的教育下养成了严谨的生活习惯。据说,他每天散步要经过镇上的喷泉,而每次他经过喷泉的时候,时间肯定指向上午7点。这种有条不紊的作风正是哲学家严密思维的根源。

家庭是孩子成长的第一环境,是孩子习惯形成的摇篮,6岁前的儿童主要生活在家庭中,家庭生活对孩子的影响是非常重要的。

(6)好习惯要在实践中培养

在实践中养成习惯,要不断身体力行,使习惯成自然。陶行知先生的生活教育理论非常重视在做中学。因此,他主张在做中养成习惯,即在实践中养成习惯。他在《教育的新生》一文中写道:"我们所提出的是:行是知之始,知是行之成。行动是老子,知识是儿子,创造是孙子。有行动之勇敢,才有真知的收获。"

叶圣陶先生也认为,要养成某种好习惯,要随时随地加以注意,身体力行、躬行实践,才能"习惯成自然",收到相当的效果。

什么是"习惯成自然"呢?叶圣陶是这样解释的:"成自然就是不必故意费什么心,仿佛本来就是那样的意思。"他举例道:"走路和说话是我们最需要的两种基本能力。这两种能力的形成是因为我们从小就习惯了,'成自然'了;无论哪一种能力,要达到习惯成自然的地步,才算我们有了那种能力。如果不达到习惯成自然的程度,只是勉勉强强地做一做,就说明我们还不具有那种能力。"

"通常说某人能力不强,就是说某人没有养成多少习惯的意思。比如说张三记忆力不强,就是张三没有把看见的、听见的一些事物好好记住的习惯。说李四表达能力不好,就是说李四没有把自己的思想和感情说出来的习惯。因此,习惯养成得越多,那个人的能力就越强。做人做事,需要种种能力,所以最要紧的是养成种种的习惯。"

巧妙利用培养孩子良好习惯的突破口

在培养孩子好习惯的时候,不要着急,更不能一味地唠叨或者强制,而要想点儿聪明的办法。比如,有的爸爸使用激将法,有的爸爸使用体验法,有的爸爸使用比较法,等等。不管使用什么方法,重要的是这种方法是温和的、有效的,是能够真正引导孩子的精神和心灵的。

要找到培养孩子良好习惯的合适的突破口,就要注意下面几点:

(1) 了解孩子,要有针对性

这是寻找突破口最重要的一点。正因为孩子千差万别,各有不同,因此,爸爸在寻找适合孩子的方法时,才需要考虑孩子的年龄、环境、心理特点、性格等。这样,才能找到适合孩子的办法。只有适合的才是最好的。比如,有的孩子不爱洗手,不讲究卫生,爸爸怎么说可能都没用。可是,这个孩子特别喜欢看科幻故事,这时爸爸就可以利用这个特点,帮孩子找一些和卫生知识有关的科幻故事,让孩子在满足需要的同时获得知识。

(2) 用孩子的特长作为突破点

有个中学生,特别爱玩游戏机,曾经因为玩游戏而和爸爸吵过很多架。母亲吓得不敢回家,只要她一回家,孩子就逼着她给钱,不给钱儿子就要哭闹。后来,这位母亲在心理医生的帮助下,开始和儿子一起玩游戏,在玩的过程中悄悄引导孩子和高手比赛。当儿子有不懂的知识时,母亲为儿子买来电脑书籍。久而久之,儿子转了方向,游戏已经不是他的最爱,设计游戏程序反而成了他的爱好。不仅如此,儿子还慢慢成为了一个电脑软件高手。因此,爸爸要寻找突破口,就要仔细观察一下,孩子的热点是什么?兴奋点在哪里?

(3) 找到突破口以后,爸爸还要放下架子

引导孩子的关键,在于爸爸和孩子心灵上的平等。如果爸爸一直摆出教育孩子的姿势,即使你找到了突破口,也无济于事。因为在孩子看来,你还是要教训他,要把他这样或那样。因此,爸爸要先放下架子,不妨和孩子

一起做一些他喜欢的事情。在做的过程中，默默引导孩子。爸爸可以把自己的教育意图隐藏起来，让孩子在不知不觉中受教育。如果爸爸告诉孩子："我知道你的突破口在哪里了，今后我们要改变办法，要这样做……"那么，你的教育就如同白开水，无滋无味，而孩子还会在心中生出些敌意和警觉来。

(4) 把引导和训练结合起来

习惯培养毕竟是具体行为的体现，因此，的确需要爸爸对孩子进行必要的训练和强制。在一定时期，光引导孩子是不够的，看到孩子出现某些不良行为习惯时，还是要及时进行强制改正。爸爸要把这两种方法结合起来进行，必要的强化训练不能少，巧妙的引导教育也很需要。

第八章

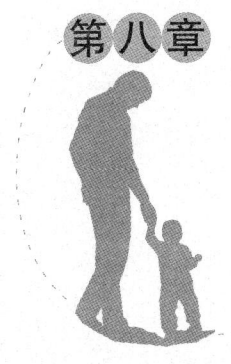

培养孩子良好的心理素质

1. 让每个孩子都"抬起头走路"

有一句教育名言是这样说的：要让每个孩子都抬起头来走路。"抬起头来"意味着对自己、对未来、对所要做的事情充满信心。任何一个人，当他昂首挺胸、大步前进的时候，在他的心里有诸多的潜台词——"我能行"、"我的目标一定能达到"、"我会干得很好的"、"小小的挫折对我来说不算什么"……假如一个孩子有这样的心态，他就很容易不断进步，成为德智体全面发展的好学生。

然而，事实上有相当数量的孩子缺乏自信心，缺乏上进的勇气，本来可能有十分的干劲，也只剩下五六分甚至更少了。长此以往，很难振作起来，逐渐会成为一个被自卑感笼罩着的人。为什么会出现这种现象呢？这是外因和内因互相作用的结果。从外因说,可能是受到的贬抑性评价太多,缺少成功的机会,处境不良;从内因说,可能是自尊心受损,自信心下降,又缺乏自我调控的能力。比如说,一个孩子在班级中不被重视,在集体中没有表现自己能力的机会,或者在老师、爸爸面前受到太多的批评、指责,甚至讽刺、挖苦,或者受到某种挫折(如考试成绩差)后没有应有的指导和具体帮助,都会伤害孩子的自尊,影响自信。而后,其表现不佳,又可能招致新的贬抑,形成恶性循环。

任何人都有自尊和被人尊重的需要,孩子也不例外。而自尊、被人尊重,是产生自信心的第一心理动力。

有专家对美国和中国的家庭教育进行了比较,结果发现,其中一个很明显的区别就是美国爸爸十分尊重孩子,把孩子当做家庭中平等、独立的一个成员相待;孩子的事情由孩子自己做主,爸爸并不是把自己的想法强加给孩子,能较好地处理平等与要求、自由与纪律、爱护与严格之间的关系,由此而形成了美国孩子活泼开朗、热情大方、敢说敢做的性格。

相比之下,中国的爸爸对孩子"顺从"、"听话"的要求比较高,一般来说,孩子在家庭中没有发言权、参与权等,爸爸基本上把自己的意愿强加给孩子,甚至孩子的隐私也常常受到侵害:信件被拆开、书包被检查、日记被偷看等,这种做法严重影响了孩子良好个性的发展,束缚了孩子独立自主精神和创造潜能的发挥。

孩子缺乏自信心,缺乏上进的勇气,成为一个被自卑感笼罩着的人,不但会延迟进步,甚至可能自暴自弃、破罐破摔,那将是很可怕的。

对于每一位爸爸来说,给孩子以信心,就是给了孩子通向成功的一把梯子。孩子可以依靠它,扶着它,一步一步向上,爬向每一个成功的高度。

每位爸爸都希望自己的孩子充满自信地前进,勇敢地面对生活中的风风雨雨,那么,具体应该怎么做呢?

(1)爸爸要尊重孩子

任何人都有自尊和被人尊重的需要,孩子也不例外。而自尊、被人尊重,是产生自信心的第一心理动力。孩子不是爸爸的附属物和私有财产,而是独立的人。爸爸不要把孩子当做自己沽名钓誉的工具。只有真正尊重孩子,才能使他产生自尊,进而使孩子产生向上的内部动力,得到主动发展。

尊重孩子的人格是不分时间、地点的,也不分是优点多还是缺点多。如果一位爸爸在孩子有成绩时就尊重他,在出现问题时就不尊重他,任意褒贬,这就做错了。

特别需要指出的是,尊重孩子,就不能对孩子说有辱人格、有伤自尊的话语。"你没出息"、"你不可救药"、"你的脑子是猪脑子"、"我对你完全失望了"、"早知你这德行,就不该生你"、"你把我的脸都丢光了"……这些话应该从爸爸的语言里消失。

作为爸爸,切不可为了自己的尊严,伤害孩子的自尊。

(2)采取爱和要求相结合的原则

人本主义心理学家罗杰斯把温情、喜欢、关怀、尊重、认可、爱抚称为积极的关注,并把它看做是人类的普遍需要和自信的源泉。成人的拥抱、抚摸、点头、微笑以及亲切热爱的语言,不仅使孩子感到安全,对世界产生基本的信任,而且能使孩子感受到自身的价值,从而充满信心地、愉快地探索世界。而成人的忽视、冷漠、拒绝、不理会,不仅使孩子最基本的需要得不到满足,恐惧感和不安感增加,而且会使孩子怀疑自身存在的价值。因此,爸爸要努力为孩子创造一种关怀、宽松、平等、和谐的精神氛围,给予孩子充分的关爱,满足他的正当需要,不以简单、粗暴、严厉的态度对待他。这对帮助他建立自信心是极为重要的。

但是,成人给予孩子爱的同时,又要对他提出一定的行为要求,指出他行为中的不足,并且引导孩子积极弥补不足。

(3)有意识地让孩子承担一些责任

不少爸爸常因为孩子年幼而代他们做许多事,帮穿衣鞋、替收拾玩具……如果给他包办过多,孩子就缺乏责任感和自我约束力,自信也就很难建立起来。因此,爸爸不妨视孩子能力的大小,有意识地让他们承担一些责任,如让孩子动手收拾玩具、书包及文具,让孩子铺床叠被,让他们洗洗简单的碗筷。这样做,不仅能锻炼孩子的能力,还可使他们从中得到自信,知道有许多事情"我能做好"、"我有能力"。

(4)建立合乎孩子能力的目标

爸爸的责任在于怀着一颗期待的心,帮助孩子建立自己每一阶段的适合自己的目标。爸爸期望过高,目标定得太高,超过了孩子能达到的限度,就容易使孩子产生失败感,丧失信心;当然,也不能把目标定得太低,孩子完成得轻而易举,就会变得轻率和骄傲。

(5)善于发现并时常肯定孩子的优点

每个孩子都有自己独特的地方,孩子在自己喜欢的领域中活动是十分投入,十分自信的。所以,爸爸要了解孩子的特点,善于发现他的优点,并经常给予表扬和肯定,这是孩子充满自信,不断进步的力量源泉。千万不要把孩子的缺点挂在嘴上,让孩子产生自卑感。

(6)积极培养孩子的专长

每个孩子的天赋是各异的,能力方面也各有千秋。通常的孩子在智力和能力上难辨优劣,但孩子进入小学后,衡量标准就集中在学习分数上,这就使擅长学习的孩子常受表扬,而学习稍差的孩子常受批评,由于学习成绩不如意而产生自卑,丧失了自信,不利于形成健康的人格。

如何避免孩子出现这种不利的情况呢?较为有效的办法就是发现和培养孩子的某一专长。从小,孩子的能力倾向便会显露,有的孩子能跑能跳,好于运动;有的孩子爱唱爱跳,擅长文艺;有的孩子舞文弄墨,酷爱绘画。爸爸的责任就是及时发现孩子的专长,顺势加以引导及培养,促进他在某方面具备其他孩子所不及的专长。这样,即便孩子将来在学习上不佳,也不致因此而灰心丧气,反倒会在自己擅长的领域奋发努力,或许还能干出一定的成就来。培养孩子的专长,孩子就有了一种竞争优势,具有了上进的动力,孩子也会因此变得越来越自信。

(7)以身作则,树立典范

榜样的力量是无穷的。很难想象缺乏自信的爸爸如何能培养出自信心十足的孩子。爸爸能够充满希望地看待未来,充满自信,孩子就会深受感染。有的爸爸不相信孩子,说不出鼓励孩子的话,常常是因为他们自身也缺乏自信,不相信自己的教育能够成功,不相信自己可以找到更有效的教育方法。对于孩子来说,爸爸的自信不仅是教育成功的保证,更是教育的榜样。

培养孩子还得从自身做起,假如我们爸爸不能给自己以自信,我们无法想象,能培养出孩子的自信心来。所以,爸爸在要求孩子的同时,一定要注意自己的修养,做好孩子的典范。

2. 让孩子拥有一颗宽容的心

在生活中经常有人说:"我恨死××了。"这种憎恨心理对其自身的不良情绪起了不可低估的作用。一方面,在憎恨别人时,心里总是愤愤不平,希望别人遭到不幸、惩罚,却又往往不能如愿。这种失望、莫名烦躁,使人失去了往日那轻松的心境和欢快的情绪,扰得他心神不宁。另一方面,在憎恨别人时,由于疏远别人,只看到别人的短处,言语上贬低别人,行动上敌视别人,结果使人际关系越来越僵,以致树敌为仇。而且,今天记恨这个,明天记恨那个,结果朋友越来越少,对立面越来越多,严重影响人际关系和社会交往,会使自己有一种孤独感。这样一来,承受能力越来越差,社会支持越来越少,情绪也会一落千丈,郁郁不可终日。

人生有缘相处,或亲情相依,或同窗共读,或为伍共事,或者结伴同旅,彼此之间,总会有一些磕磕绊绊、恩恩怨怨。为何不以情为重,化解冲突,做一个宽容的人呢?

林肯冲破重重阻碍当上美国总统之后,仍任用了一个能力很强的死对头任部长之职。幕僚和随从们都十分不解。

"他是我们的敌人,应该消灭他!"大家愤怒地建议。

"把敌人变为朋友,"林肯解释说,"既消灭了一个敌人,又多得了一个朋友。"

从这里,我们可以看到,宽容者有着宽广的胸怀和巨大的智慧,这种胸怀和智慧对他们的发展是非常有利的。做爸爸的,将自己的孩子培养成胸怀广阔的人,是非常重要的。教会孩子学会宽容,不仅是为了孩子今天能处理好同学关系,而且也是为孩子将来的成功和幸福打基础。

那么,怎样才能让孩子拥有一颗宽容的心呢?如下建议可供参考:

(1)教孩子学会"心理换位"

所谓心理换位,就是指当双方产生矛盾时,能够站在对方的角度上思考问题,思考对方何以会如此行事、如此说话。如果真的能够做到这一点的话,就能够理解对方,减少很多不必要的矛盾。

许多孩子只习惯于从自己的角度思考问题,而不习惯于站在别人的角度上思考问题。要消除这种现象,比较好的办法就是教孩子学会"心理换位"。

会下棋的人,可能都有这样的经验,刚学下棋时,往往仅考虑自己第一步怎样、第二步怎样,而不会考虑别人会怎样。只有棋下到一定水平后,才会考虑我怎样,对方会怎样应对;对于对方的应对,自己应当如何一一应对。如此考虑的回合数越多,个人的水平也会越高。处理生活中的问题也是如此,能够"心理换位",能够站在对方的位置思考,能够设身处地地多为对方设想,生活中的许多矛盾就都容易化解了。

(2)教孩子学会理解他人

理解能带来宽恕,宽恕能带来和谐。爸爸应该让孩子明白,人人都有缺点和不足,只要不是特别过分,就应该理解和宽容。

一个不肯理解别人的人,就是不给自己留余地,因为每一个人都有犯过错而需要别人理解的时候。在孩子与同伴交往的过程中,爸爸要特别注意引导孩子理解和宽容比自己强的同伴、比自己"差"的同伴以及自己的竞争对手。帮助孩子学会不嫉妒比自己强的同伴,不嘲弄比自己差的同伴,和不故意为难自己的竞争对手。孩子真正学会了理解,才能真正做到向比自己强的同伴学习,帮助比自己"差"的同伴,学会与竞争对手合作。也只有通过交往,他们才能体会到宽容的意义,体验到宽容带来的快乐。

要告诫孩子,金无足赤,人无完人,有缺点和不足乃是人性的必然。和同学相交,和朋友相处,完全没有必要求全责备。完全可以求同存异,只要同学和朋友的缺点不是品质方面的,不是反社会的。对于朋友的缺点和不足,对于同学心情不好时所说的话和所做的事,我们没有必要事事计较,事事都摆个公平合理。多原谅一次人,多给人一次宽容和理解,同时也就为自己多找了一份好心境,也会使自己觉得在个性完善的道路上又向前迈进了一步。

当然,宽容不是怕人,不是懦弱,不是盲从,不是人云亦云,这一点是必须向孩子讲清楚的。必须让孩子知道,宽容是明辨是非之后对同学、朋友的退让,而不是对坏人坏事的妥协。对于坏人和得寸进尺的人,是没有必要宽容的。

(3)让孩子多与同伴交往

宽容之心是在交往活动中培养起来的。孩子只有与人交往,才会发现每个人都有这样或那样的缺点,都要犯或大或小的错误,而只有学会容忍别人的缺点和错误,才能与人正常交往,友好相处。也只有通过交往,孩子才能体会到宽容的意义,体验宽容带来的快乐。如称赞别人的缺点,庆贺同伴的成功,帮助有困难的小朋友,采纳别人的合理建议等,这些都能使孩子得到友谊,分享别人的成功,并使自己也获得进步。

(4)让孩子多亲近大自然

大自然可以陶冶孩子的情操,可以培养孩子宽容的品质。因为大自然有着无穷无尽的奥秘和神奇,是最生动的教科书,是一本永远也读不完的教科书。很多学者都说过,大自然的花草树木、山水虫鱼无不蕴涵着美的因素。大自然的博大与雄浑可使人心胸开阔,性格开朗,心情愉悦,进而促人产生宽容之心。

所以,如果有条件,我们应多带孩子到郊外,让封闭在钢筋水泥世界中的孩子投入到大自然的怀抱中。另外,尽可能创造条件,带孩子游历祖国的大好河山,让浩瀚的海洋、奔腾的河流、秀丽的湖光山色陶冶孩子的心灵,开阔孩子的视野和胸襟。如果条件不允许的话,也应该利用节假日或周末带孩子到附近的公园玩一玩,这样也算是亲近一下"小自然",也会对孩子宽容品质的养成起到积极的作用。

3. 帮助孩子克服嫉妒心

德国有一句谚语:"好嫉妒的人会因为邻居的身体发福而越发憔悴。"一位法国作家则说:"嫉妒是万恶之源,怀有嫉妒心的人不会有丝毫同情。"

有这样一个故事:有个人幸运地遇见了上帝。上帝对他说:"从现在起,我可以满足你的任何愿望,但前提是你的邻居必须得到双份。"那人听了喜不自禁,但仔细一想后,心里很不平衡:"要是我得了一份田产,那邻居就会得到两份田产;要是我得了一箱金子,那他就会得到两箱金子……"那人想来想去,不知该提出什么愿望,因为他实在不甘心让邻居占了便宜。最后,他咬咬牙对上帝说:"万能的主啊,请挖去我的一只眼珠吧!"

这就是一种典型的嫉妒心态在作祟,为了不使邻居占上一点儿便宜,他丢掉了上帝对他的恩赐;为了让邻居承受更大的痛苦,他宁愿选择自己也受痛苦。这不能说不是人性的悲哀!如果让人类的这种心态恶性循环下去,所有美好的东西都将成为嫉妒的陪葬品。

"嫉妒"是指认为别人在某些方面比自己强,并认为可能会危及自己的利益而引起的忌恨与不满,它是一种原始的情感,是人类心理中的动物本能性表现。嫉妒心强是心理发育幼稚的表现。有人把嫉妒心严重的人称为"不成熟"的人或"缺乏社会性"的人。

法国大思想家卢梭曾说:"人除了希望自己幸福之外,还喜欢看到别人不幸。"这句话不仅道出人类容易嫉妒的心理,说明社会中有嫉妒心理之人的存在。

嫉妒心理是一种较为普遍而又不够正常的心理,它不同于正常的好胜心和进取心。正常的好胜心和进取心,是当别人比自己强时,心胸豁达,用心找到自己不如人的薄弱环节,力争创造条件超越别人。具有嫉妒型性格的人,喜欢怀疑,心理压抑;对人嫉妒、疑神疑鬼、以自我为中心,不易相处,固执己见,不易接受别人的意见;处事刚愎自用,容易急躁。他们经常感到自己某一方面不如对方,或自己在某一方面受到了侵害——但多数情况是无根据的怀疑。更可怕的是,嫉妒的人常常会采取错误、偏激的行动。

嫉妒的害处很大,对于嫉妒者本身来说,它是本质上的疵点。一个朝气蓬勃的青少年,一旦受到嫉妒情绪的侵袭,往往会头脑糊涂,停滞不前,甚至丧失理智,处处以损害别人来求得对自己的补偿,以致干出种种蠢事来。嫉妒不仅危害嫉妒者本人,对于一个集体来说,它还是团结的腐蚀剂。嫉妒具有极大的分化力量,它会使集体四分五裂,成为一盘散沙。一个班级如果有几个好嫉妒的同学,就会矛盾层出,摩擦不断。可以毫不夸张地说,嫉妒就像一条暗藏在心灵深处的毒蛇,它不仅分泌毒汁毒化自己的心灵,而且还不时地钻出来伤害别人。因此,嫉妒一向受到人们的唾弃与斥责。

为了孩子的健康成长,爸爸必须帮助他克服嫉妒的性格和心理,具体可从如下方面努力:

(1)要培养孩子分析思考问题的能力,使孩子的理智得到较好的发展。

如果爸爸设法使自己的孩子养成分析问题、研究问题的习惯,孩子的情感就会不断丰富,心理就会日趋成熟。由此,爸爸会发现,即使你的孩子对某人产生了嫉妒心理,也会很快被理智的思考所抑制。

(2)要教给孩子客观地看待和分析问题的方法,使孩子能够正确地认识自己,正确地对待别人。

平时,爸爸要有意识地设置环境,创造氛围,让孩子从日常的生活中,从爸爸的处世哲学中,认识到一个人的才华、能力再多、再强,也是有限的;在大千世界中,"强中更有强中手","人人不如己,处处占上风,事事要拔尖"的人,事实上是没有的。因此,如果自己在某些方面不如别人,也要泰然处之。

(3)要陶冶孩子的"海涵度量"和"气质风度",使孩子具有博大的胸怀。

一般情况下,有嫉妒心理的孩子,自身都有一定的性格弱点。如与人交往时,喜欢让所有人围着自己转;当不能成为社交中心时,就会发脾气;喜好受人称赞,当听到有人夸别人时,就不高兴;不会感谢人,易受外界影响等。

对有性格弱点的孩子,爸爸要悉心引导。在孩子面前,对获得成功的人多加赞美,并热情鼓励孩子虚心学习他人长处,积极支持孩子通过自己的努力去超越别人,战胜自己,使孩子的嫉妒心理得到正当的发泄。千万不可盲目抬高孩子,贬低别人,以满足孩子暂时的心理平衡。对遭到不幸的人尽力给予同情,不可纵容孩子幸灾乐祸,以助长孩子的嫉妒心理。对孩子的挫折,既不能简单粗暴,也不能视而不见。要耐心地同孩子一起进行认真的理性分析,帮助孩子找到失败的原因,支持孩子再作努力,从而使孩子经得起任何风吹浪打,对别人的成功感到由衷的高兴,对他人的不幸给予深切的同情,对自己的失败具有再造成功的信心。决不可让孩子怨天尤人,垂头丧气,一蹶不振。

(4)要增强孩子的竞争意识,使孩子在强手面前,在困难当中,在挫败之时,仍能以坚强的意志去顽强拼搏。

社会心理学家的一项研究发现,成就最大和最小的人之间最明显的差异,不在于智力水平,而在是否敢于竞争,敢于拼搏。而嫉妒心理,是敢于竞争与拼搏的障碍。爸爸要使自己的孩子在人生的长河中,始终立于不败之地,就要注重在日常生活、学习中,着力启发孩子学习胜者,见贤思齐,同时具备迎难而上,经得住磨难的精神;切莫害怕孩子吃了苦,受了难。这样,才能逐渐削弱孩子的嫉妒心理。

(5)教孩子将嫉妒化为正确的积极向上的行动。

有两个年轻人,在大学还没毕业时都是班级的高材生,但到了工作岗位,其中一个在很短的时间内便做出了比较显著的成绩。另一个便在心里生出一种说不上来的味道,于是在别人赞扬老同学的时候,有意无意地说一些对方这也不行、那也不好的话。有一次,他在说老同学不是的时候,一个长者严肃地对他说:"年轻人,要努力赶上人家才对,怎么能嫉妒人家呢?你和他一样,都是年轻人,他能做到的,你为什么不能超过他呢?"长者的话使他如梦方醒。于是,年轻人发奋了,他从心里鼓足了劲,决心要赶上超过他的老同学。经过一段努力,他也在工作中取得了很大的成绩。这样用于鞭策自己,激发潜能的嫉妒,必将使其取得长足的进步。由此看来,引导孩子如何将嫉妒化为正确的积极向上的行动才是明智的。

4. 有教养的孩子懂得忍让

忍让是中华民族的传统美德,忍让是具有良好修养的表现,它能使人与人之间的关系更加和谐。对不影响大局的小争端,互相忍让是解决问题的捷径。

清朝康熙年间,桐城人张英官至文华殿大学士兼礼部尚书。邻居是桐城另一大户叶府,主人是与张英同朝供职的叶侍郎,两家因院墙发生纠纷。张老夫人写信给张英,试图倚仗他的权势压倒对方。张英见信深感忧虑,回复老夫人:"千里修书只为墙,让他三尺又何妨。万里长城今犹在,不见当年秦始皇。"家人读罢,深感惭愧,于是,张老夫人令家丁后退三尺筑墙。叶府很受感动,命家人也把院墙后移三尺。这样,两家之间就形成了一个六尺宽的巷子。从此,张、叶两府消除隔阂,成通家之谊。"六尺巷"也成为千古佳话。

它告诉我们:让步既是一种境界,也是一种智慧。

有位青年脾气暴躁,比较易怒,还常喜欢跟别人打架,因此,很多人都不喜欢他。

有一天,这位青年无意中游荡到大德寺,碰巧听到一休禅师正在说法。他听完后发誓痛改前非,于是对禅师说:"师父!我以后再也不跟人打架口角了,免得人见人烦,就算是别人往脸上吐口水,也只是忍耐地擦去,而默默地承受!"

一休禅师听了青年的话,笑着说:"唉——何必呢,就让唾沫自己干了吧,何必去擦掉呢?"

青年听了,有些惊讶,于是问禅师:"那怎么可能呢?为什么要这样忍受啊?"

一休禅师说:"这没有什么不能忍受的,你就把它当作是蚊虫之类停在脸上,不值得与它打架或者骂它,虽然被吐了唾沫,但并不是什么侮辱,就微笑地接受吧!"

青年又问:"如果对方不是吐唾沫,而是用拳头打过来时,那可怎么办呢?"

一休禅师回答:"这不一样嘛!不要太在意!这只不过一拳而已。"

青年听了,认为一休禅师说的实在是岂有此理,终于忍耐不住,忽然举起拳头,向一休禅师的头上打去,并问:"和尚,现在怎么办?"

一休禅师非常关切地说:"我的头硬得像石头,没什么感觉,倒是你的手大概打疼了吧?"

青年愣在那里,实在无话可说了。

当一个人受到戏弄、打击、污辱时,就会怒火中烧。暴躁易怒的人,动辄发火、伤身、害人、损物。有句话说得好:忍他人之不能忍,方为人上之人。忍,实在是一种高深的处世之道。小忍可以避免争端,大忍可以大事化小,并且可以修身养性。要以宽广的心胸去待人处事,逐步养成宽怀大度的品质。

德国音乐家辛姆洛克说过:"忍耐之草是苦的,但最终会结出甘甜而柔软的果实。"忍让是智慧和善良的表现,它既不是儒弱,也不是无能,而是自信、坚强和识大体的表现。

忍让是一种对人生的豁达,是一个人有涵养的重要表现。俗话说得好:"退一步海阔天空。"因此,正确的教育方法应该是让孩子学会忍让。不管是在什么时间、什么地方,爸爸都要告诫孩子,不要和别人争强斗胜。给别人让一条路,就是给自己留一条路。懂得忍让的孩子,才会有教养。

龙龙从学校回到家里,妈妈看到他嘟嘟嘴的样子,就问怎么了。龙龙告诉妈妈:"昨天杨刚借我的魔法棒玩,今天还给我的时候,把里面的电池都给用光了。他怎么能这样呢?我自己都知道节约着用,他却一口气给我用到没电。"

说完,龙龙就呜呜地哭起来。妈妈搂过他,轻声问道:"那杨刚有没有向你道歉呢？"龙龙说："他说'对不起'了,可是道歉有什么用呀,电池不还是没有吗？"

见儿子这么委屈,龙龙的妈妈继续安慰了一会,然后对他说："宝贝,电池没了还可以再买,何必因为几节电池伤了同学和气呢？等周末妈妈有时间就可以去商店给你买电池,先耽误你玩两天魔法棒,没问题吧？"

听了妈妈的话,龙龙渐渐停止了哭泣。妈妈趁热打铁,继续说道："你想想,前些天你把淘淘的遥控汽车弄坏,淘淘不是还对你说'没什么'吗？妈妈希望你也能像淘淘学习,大度些,原谅杨刚。本来你让杨刚玩魔法棒,是表现你的友好,杨刚也会因此而开心,可是因为几节电池就闹得不愉快,岂不得不偿失吗？"

龙龙似有所悟,他对妈妈说："我现在就要给杨刚打电话,就今天对他不满的事向他道歉。"让龙龙没想到的是,杨刚回家和爸爸说了这件事后,他的爸爸妈妈赶紧拿出家里的电池,让杨刚第二天带给龙龙了。

现在的孩子在家里受到爸爸妈妈、爷爷奶奶等人的过度溺爱,太过于以自我为中心,受不得半点委屈,更加不懂得与人相处时应该宽容和忍让,导致了他们稍微遇到一点外界的刺激便会怒火爆发。除此之外,爸爸对孩子的错误教育方式也是导致孩子有这种反应的重要原因。一些爸爸怕孩子在外受气,便告诉孩子："谁打你你就打谁。"这种错误的观念让孩子学会了打击报复。大量的事实告诉我们,应该让孩子学会宽容。

古语说得好："君子忍人之所不能忍,容人之所不能容,处人之所不能处。"在生活中,有些孩子由于缺少生活的阅历,对一些事情的认识往往处于表面的水平,处理问题的时候就会被急躁、冲动的情绪包围,不懂得宽容别人。这些孩子往往不懂得理解他人,稍微受点委屈,就会大发脾气,这样的孩子让人看起来就显得很没教养。

为了让孩子学会忍让,爸爸在平时的教育过程中,可以从以下几方面做起：

1) 正确对待孩子之间的矛盾。

爸爸要正确对待孩子之间的矛盾。孩子是不能缺少玩伴的，同时，孩子之间又很容易产生矛盾。能否正确对待孩子之间的矛盾，对培养孩子宽容的品质十分重要。正确的做法应该是，在孩子与别的孩子产生矛盾的时候，如果过错在自家孩子，爸爸应该主动带孩子去给对方认错。

如果自家孩子吃了亏，过错在对方身上，也不能表现出过分激动，更不要冲动地去为孩子"讨个说法"，应该在宽慰孩子的同时，分析矛盾产生的原因，把避免矛盾的方法和解决矛盾的途径教给孩子，而不是去争个"强弱"，比个"高低"。

2) 摆正孩子在家庭中的位置。

要让孩子学会忍让，爸爸就要教育孩子摆正自己在家庭中的位置，让他懂得他只是家庭中的普通一员，不能对他娇惯，不能无限度地满足他的愿望，不能给他特殊权利，不能让他高高在上。爸爸要要求孩子心中有他人，不要总是以"我"为中心，一切只顾自己。必要时可以让孩子有一些吃亏让步的体验，以锻炼孩子的克制能力。

3) 营造一个良好的环境。

爸爸要营造一个良好的家庭环境。就像什么样的土壤适合什么样的庄稼生长一样，一个整天吵闹不休的家庭是很难培养出一个宽宏大量的孩子的。民主、平等、宽松的家庭环境，有利于孩子形成宽容忍让的品质。要让孩子理解和尊重自己的长辈，体谅长辈的辛苦，珍惜长辈的劳动成果和对自己的爱护。家庭成员间要友爱宽容，让孩子从小就生活在一个温馨、和谐、友爱、宽容的家庭环境中，使其在潜移默化的影响中，逐步形成稳定的宽容忍让的良好品质。

5. 放弃猜疑，大度的孩子受欢迎

现代家庭教育中，虽然孩子们个个备受宠爱，但爸爸们还是很注重其大气品质的培养。我们都知道，只有孩子学会了大气、宽容，才能得到周围人的喜欢，才能拥有良好的友谊和人际关系，并因此变得开朗、自信。

但不得不遗憾地承认，现在很多孩子并没有像大人预期的那样慷慨大方，懂得宽容，懂得换位思考，相反，猜疑心重，是现在孩子们越来越严重的问题。

孩子一旦掉进猜疑的陷阱，必定处处神经过敏，事事捕风捉影，对他人失去信任，对自己也同样心生疑窦，这种不正常的心理现象，直接影响孩子的身心发展，妨碍人际关系的协调与和谐。

小楼是小学5年级的学生，性格较孤僻。一段时间来，她总觉得周围的人都与自己过不去，特别是班上的同学和老师，看谁都有不顺眼。如果有同学从她身边经过不给她打招呼，她就会想，不和我打招呼！准是自以为自己怎么得了，有什么了不起；看到同学们聚在一起谈笑，她就猜大家是不是在议论她；课间有同学不小心轻轻碰了她一下，她就会与对方发生争吵，说对方是故意冲着她来，要欺负她。如果老师在处理这些事情时，稍指出她的不对之处时，她就认为老师在偏袒对方。由于她长期寡言少语，脸上极少有笑容，与同学格格不入，所以，她在班上没有好朋友，成绩也很普通。她认为自己是一个很不幸、很无辜的人，她对别人没有任何恶意，但不知为什么总是会受到别人的伤害，世上没有人喜欢她。

这是比较典型的心理障碍——猜疑心过重。猜疑是人性的弱点之一，是对人、对事物没有进行客观的了解之前，主观地假设与推测，是非理智的判断过程。孩子爱猜疑是对周围世界不信任度较高的一种心理表现，体现在孩子对周围事物显得极为敏感，并且易从消极方面去思维。这种不正常的心理现象，直接影响孩子的身心发展，妨碍人际关系的协调与和谐。

孩子猜疑心过重，表现遇事敏感，有比较严重的神经过敏，而且常常把事情和当事人往坏处想，往对自己不利的方面想。如当别人聚在一块悄悄说话时，好猜疑者会怀疑他们正在讲自己的坏话；如果好猜疑者告诉朋友一个秘密后，他会不停地想他是否会讲给别人听；如果朋友近来对你的态度冷淡一些，好猜疑者会觉得他可能对你有了看法等。因为这种猜疑，也就滋生了孩子对周围人们的不信任和厌恶感，导致人际关系往往不理想，孤独郁闷，常唉声怨气。具有这种心理问题的孩子，会对世界上的各种事物，只要有不完美的地方，哪怕只有1%的可能，他们都会当成100%的可能去怀疑、担心、害怕。

那么，孩子爱猜疑的原因是什么？孩子爱猜疑与其个性心理特点有关，一般来说，具有抑郁型气质的孩子比较郁闷、爱猜疑，他们行为孤僻，多愁善感，善于觉察别人不易觉察的细节；孩子爱猜疑与辨别是非的能力有关，即是非观念模糊容易产生多疑，辨别是非能力强则不易多疑；误会和隔阂也是孩子产生爱猜疑的重要原因，在日常生活中，孩子之间、孩子与成人之间难免会产生误会和隔阂。

猜疑是害人害己的祸根，是卑鄙灵魂的伙伴。一个人如果掉进猜疑的陷阱，必定处处神经过敏，事事捕风捉影，对他人失去信任，对自己也同样心生疑窦，损害正常的人际关系，影响个人的身心健康。好猜疑者的最后的结果只会徒增自己的烦恼和痛苦，使自己众叛亲离，最后落得个自怜自艾的悲惨下场。

一个周日的早上，小林在寝室收拾衣服时，将衣服堆放在了旁边小江的床上了，为此小江朝小林瞪了一眼。其实小林并没有看到小江瞪自己，其他同学也没注意。但是他立刻后悔了，因为他怕其他同学看见，不巧的是，正好有一位同学抬头看了一眼小江，小江只能不好意思地笑了笑。

这之后，小江心里很是担心，怕同学说自己太小气。于是小江一整天都在注意其他同学的反应，也不出去玩。恰好看他那位同学又问他："你今天怎么没有出去玩呐？"小江认为那位同学这是让他走开，好和别人议论他刚才瞪眼的事儿。晚上大家一起去吃饭，小江回来晚了点，其他人正说笑着，也就没有给他打招呼，他认为他们一定彼此说好了，真的不理他了。第二天到教室，小江又发现同学用异样的目光看着他。心想坏了，他们一定对全班同学说了，这一下全班同学都知道了，自己是个小心眼的人了。

以后一到教室，只要听到同学们在笑，小江就认为是在笑自己；他坐在教室的前面，他担心别人在背后说他的坏话；坐在教室后面，他又认为前面的人回头就是看他，然后再讲他的坏话。因此，小江整天坐立不安，连睡觉也不踏实，因为怕睡着后别人讲他的坏话。不久，小江患上了失眠性神经衰弱，学习成绩也大幅下降。他居然还在想：别人这下更会笑我学习成绩下降了。

你们看，猜疑心理的后果多严重啊！英国哲学家培根说过："猜疑之心犹如蝙蝠。总是在黑暗中起飞。这种心情使人迷乱，扰乱人的心智。它能使你陷入迷惘，混淆敌友，从而破坏你的生活和事业。"

对于猜疑心过重的孩子，爸爸要从以下的几个方面来帮助其克服：

首先，我们可以引导孩子进行换位思考。教育孩子用客观的态度审时度势，善于打消由先入为主的假定所引起的心理定势，头脑冷静、客观、公正地分析事物,防止消极的自我暗示。引导孩子进行换位思考。以体验他人的心理感受,避免走极端,总认为别人针对自己。

其次,多给孩子安排集体活动。为孩子创造愉快的人际心理环境,尽量多安排他参加集体活动,让孩子多与他人接触交往,通过谈话、共同游戏等活动帮助孩子与周围的人进行情感交流,培养孩子与同伴之间的信任情感。如果方便的话。甚至可以邀请那些"嫌疑人员"和孩子一起参加活动,以增进彼此之间的了解,避免无谓的猜疑和误会。

另外,要提醒孩子注意调查分析。当孩子对别人有所猜疑的时候.爸爸不妨建议孩子主动去了解别人的真实想法,通过事实来证明自己的一些猜想是没有根据的。俗语说"耳听为虚,眼见为实",孩子在有了猜疑之后,让孩子先本着实事求是的原则进行调查,了解别人的真实态度,不能听到风就是雨。常提醒孩子注意调查和分析,是帮助他们克服猜疑心的一种训练方法。

信任让我们拥有更多的友谊,当人的心理产生怀疑时,就会让人远离自己曾经信任的朋友。无论友情和爱情,我们付出的和得到的总是相等的,怀疑别人的同时也会被别人远离。信任是无价的,一旦失去,用什么也换不回。

6. 让孩子懂得遇事不要斤斤计较

遇事斤斤计较只能给自己徒增烦恼。要想获得学业、事业上的成功,必须胸怀大度、心胸宽广,不能总是把小事放在心上。

1898年冬天,威尔·罗吉士继承了一个牧场。

有一天,他养的一头牛,为了偷吃玉米而冲破附近一户农家的篱笆,最后被农夫杀死。依当地牧场的共同约定,农夫应该通知罗吉士并说明原因,但是农夫没这样做。

罗吉士知道这件事后,非常生气,于是带着佣人一起去找农夫论理。

此时,正值寒流来袭,他们走到一半,人与马车全都挂满了冰霜,两人也几乎要冻僵了。

好不容易抵达木屋,农夫却不在家,农夫的妻子热情地邀请他们进屋等待。罗吉士进屋取暖时,看见妇人十分消瘦憔悴,而且桌椅后还躲着五个瘦得像猴子的孩子。

不久,农夫回来了,妻子告诉他:"他们可是顶着狂风严寒而来的。"

罗吉士本想开口与农夫论理,忽然又打住了,只是伸出了手。

农夫完全不知道罗吉士的来意,便开心地与他握手、拥抱,并热情邀请他们共进晚餐。

这时,农夫满脸歉意地说:"不好意思,委屈你们吃这些豆子,原本有牛肉可以吃的,但是忽然刮起了风,还没准备好。"

孩子们听见有牛肉可吃,高兴得眼睛都发亮了。

吃饭时,佣人一直等着罗吉士开口谈正事,以便处理杀牛的事,但是,罗吉士看起来似乎忘记了,只见他与这家人开心地有说有笑。

饭后,天气仍然相当差,农夫一定要两个人住下,等转天再回去,于是罗吉士与佣人在那里过了一晚。

第二天早上,他们吃了一顿丰富的早餐后,就告辞回去了。

在寒流中走了这么一趟,罗吉士对此行的目的却闭口不提,在回家的路上,佣人忍不住问他:"我以为,你准备去为那头牛讨个公道呢!"

罗吉士微笑着说:"是啊,我本来是抱着这个念头的,但是,后来我又盘算了一下,决定不再追究了。你知道吗?我并没有白白失去一头牛啊!因为,我得到了一点人情味。毕竟,牛在任何时候都可以获得,然而人情味,却并不是很容易得到。"

生活中,大多数的人都在追求物质上的满足,表现在言行上便是为了小事斤斤计较,然而当物质需要得到满足之后,我们的心是否真的充实了?

人与物之间是无从比较的,真正的无价必定表现于无形,就像大师的雕刻作品,它的价值不在价格与实体上,而是创作者对作品付出的情感与附在作品身上的生命感悟。

故事中的罗吉士,尽管失去了一头牛,却换得农夫一家人的笑容和幸福以及难得遇见的人情味,这段经历,更让他懂得生命中哪些才是无价的。

在我们的学习生活中难免与别人产生误会、摩擦。宽容是人生的一种境界,它可以使我们忍受别人的无心之失,甚至是有心之过,从而为我们赢得朋友乃至敌人的敬重。

英国数学家哈代说:"不能宽恕他人,就是拆掉自己要过的桥。"宽容是一种个人修养水平的体现,这对孩子将来的成功具有非常重要的意义。孩子们年纪还小,经历有限,他们遇到的一些事,往往是生平的第一次,爸爸怎么处理、处理得是否恰当,对他们今后的行为具有示范作用。爸爸一定要注意,不要让妒忌、报复等不健康的心理侵袭孩子幼小的心灵,不要让孩子养成斤斤计较的习惯。

有一次考试后,试卷发下来,晨晨发现老师在算分数时将一道题的分数漏掉了。因此他少得了两分,本来可以排在第三名,现在成了第五名。

晨晨非常生气,回家后,便对爸爸抱怨,并说自己讨厌老师。

爸爸听了后,对晨晨说:"老师每天都有那么多的试卷要批改,丢了两分又有什么关系。你不是已经把那道题做对了吗?老师没有算进去,这也并不影响你对知识的掌握。至于名次,这并不重要,所以不必计较。"

晨晨的父亲通过实例,抓住适当的机会,帮助孩子学会了宽容地对待他人的过失,这种收获比那两分重要得多。从这个故事中我们可以看出,爸爸一方面要宽以待人、严于律己的原则处事待人,给孩子以潜移默化的影响;同时也要让孩子知道,每一个人都难免会有做错事的时候,所以要学会宽容与谅解,不能什么事情都斤斤计较,那样会很没有教养。

1)不要总是以"我"为中心

不要总是以"我"为中心,而是要学会尊重、理解他人。在日常的生活学习中,我们不能一切只顾自己;与朋友相处要相互关心;要理解和尊重自己的长辈,体谅长辈的辛苦,珍惜长辈的劳动成果和对自己的爱护。

2)学会欣赏赞美他人

欣赏他人等于欣赏自己。一个班级的同学,或是在一起玩的小朋友,如果互相看到对方的优点,那么大家就愿意互相交往,同学之间也乐于相处。

因为被别人赞美,说明自己在别人心中有位置,也说明自己的表现被别人认可,因而能增强自豪感和自信心。所以,应该学会重视他人、信任他人,经常发现别人的优点,以使我们健康的成长。

3)原谅他人的过失

要学会包容他人,人难免要做错事的,如果同学不小心弄坏了你的东西,或是无意中碰了你一下,要原谅他的无心之过,不要斤斤计较。因为我们谁都有过失的时候,想一想如果你不小心把同学的书本碰掉了,这时你已经很不好意思了,而同学要是不依不饶的与你斤斤计较,你是不是会很难受啊!

所以说,宽容他人也是善待自己的一种方式。我们要认识到"人无完人",做到"得理让人"、"宽容别人"。

爸爸要让孩子养成宽容别人的习惯,应注意做到以下几点:

(1)要教育孩子摆正自己在家庭中的位置,让孩子懂得他只是家庭中的普通一员,不能对孩子娇惯,不能无限度地满足孩子的愿望,不能给孩子特殊权利,让孩子高高在上。

(2)要求孩子心中有他人,不要总是以"我"为中心,一切只顾自己。

(3)必要时让孩子有一些吃亏让步的体验,以锻炼孩子的克制能力。

(4)多给孩子与同伴交往的机会,使之从中得到锻炼。让孩子在发生矛盾的后果中体味到只有团结友爱、宽容谦让,才能享受共同玩耍的快乐。

(5)要教育孩子理解和尊重自己的长辈。体谅长辈的辛苦,珍惜长辈的劳动成果和对自己的爱护。

(6)家庭成员间要友爱宽容,让孩子从小就生活在一个温馨、和谐、友爱、宽容的家庭环境中,使其在潜移默化的影响中,逐步形成稳定的宽容忍让的良好习惯。

7. 要学会欣赏他人

"海纳百川,有容乃大"。欣赏别人是一种豁达风度。

人无完人,每个人都有自己的长处和短处。对此,妄自菲薄和恃才傲物都是不可取的,它只会使人沦于平庸。而正确地欣赏别人就会使平庸变得优秀,使自卑变得自强,使消沉变得进取,使自满变得谦逊。

春秋时期,管仲少时贫贱,早年曾与好友鲍叔牙以经营小买卖为生。管仲出的本钱没有鲍叔牙多,可是到分红的时候,他收了应得的那一份,还要再添点儿。鲍叔牙手下骂管仲贪得无厌,鲍叔牙替他辩解说,他家里人口多,开销大,我自愿让给他。管仲带兵胆小怕事,手下士兵不满,而鲍叔牙却说,管仲家有老母,他为了侍奉老母才自惜其身,并不是真的怕死。鲍叔牙百般袒护管仲,是因为他知道管仲是个不可多得的人才,只是还没有机遇施展。管仲感叹道:"生我的是父母,了解我的是鲍叔牙啊!"就这样,他们成了莫逆之交。后来,管仲在鲍叔牙的极力推荐下,成了齐国宰相,帮助齐桓公成为春秋五霸之首。

鲍叔牙欣赏管仲,百般袒护,连齐桓公任他高官都让给管仲。可见,欣赏别人将有多大的气度与胸襟。这好比幽谷香兰,使人愈嗅愈香;峻岩劲松,使人愈压愈坚。

法国著名大作家雨果说:"世界上最宽阔的东西是海洋,比海洋更宽阔的是天空,比天空更宽阔的是人的心灵。"让我们像大海那样笑纳百川,像高山那样巍巍矗立,摒弃自卑、自负和自满,去正确地欣赏别人吧!

每个人身上都有优点与缺点,爱看到优点的人比总看到别人缺点的人会更快乐、也更受欢迎一些。所以,我们鼓励每个人多去看别人的优点,多去欣赏别人,它带给别人自信的同时也会愉悦自己。

在21世纪的今天,任何成功和挑战都离不开人与人之间的协作,而协作关系的基础,就是每个人都有一双欣赏他人的慧眼。因此,学会欣赏他人,是关系孩子能否拥有很好的人缘的重要品性之一。而这项本领,也需要从小培养。很多爸爸认为,让一个不懂事的孩子懂得欣赏别人,难度很大。其实并非如此,生活中的点点滴滴都是极好的素材,就看你怎么使用。

台湾著名作家林清玄有一次带小儿子去市场,看见卖牛肉面的师傅一次可以烫十几碗面,行云流水的动作宛若舞蹈;卖糖葫芦的小贩眨眼工夫就串好了几十串山楂,每颗山楂都穿上了透明生脆的"冰糖衣",像变魔术一般。于是儿子对林清玄说:"爸爸不如卖牛肉面的师傅……爸爸不如卖糖葫芦的小贩……"林清玄一一微笑着接受:"爸爸跟他们比下面条、串糖葫芦当然是输家,但爸爸会写文章呀,爸爸写的文章是一流的,就像那位师傅做的牛肉面一样,会让别人喝彩。"

林清玄是以非常生活化的观察和讲述,让孩子明白,欣赏他人并不等于否认、贬抑自己。每个人都有自己的长处和弱点,既能看到自己的弱点和他人的长处,不目中无人,又能看到自己的长处,不妄自菲薄,才会对自身有一个客观认识,获得健康的心境。

人们都会选择与欣赏自己的人深入交往,这是因为,每个人都有荣誉感,都有渴望获得肯定的内在动力,遇到一个欣赏自己的人,人们的意识行为都会进入良性循环。孩子之间的交流也是如此。大声说出对他人的赞赏可以获得同样热烈的回馈,这种"有来有往"的互相欣赏可以使孩子周围的"情绪环境"变得晴朗。孩子懂得欣赏、赞美他人,也就打开了与他人深入交往的通道。他会更多地享受进一步交流和交往的愉悦,周围也容易环绕更多的朋友。

有人认为,在越来越个性化的社会交际中,"欣赏自己"已被越来越多的人们接受和应用。这本是一件好事,因为它起码表明了人已经开始注重个人在社会中的价值和作用,有利于个性的张扬和主观能动性的发挥。

可往往物极必反,"欣赏自己"到了一定程度就会发展成为极端的自私自利;发展到唯我独尊的骄横和霸道;发展到了"宁可我负人,不可人负我"的个性变态。

这样"欣赏自己"最终毁掉自己,失去别人的帮助,走向人生的黯淡、寂寞和孤独的泥潭。

学会欣赏别人吧,当然最好还是别做什么"追星族"、"追款族",把欣赏变成崇拜,追星追款追得连自己都找不到了,这样"欣赏"不是很悲哀吗?

假如我们肯把自己欣赏的目光从那些近似海市蜃楼般的"星系"中收回来,看看你身边这些你从来不曾欣赏过的人,你会发现,他们虽不如明星、大款那般被传媒"炒"得火爆,但他们却仍旧认认真真地生活着,努力地工作着,真诚地与人打着交道。他们在与人交往中所表现的同情、关切、微笑和互相帮助都是朴实而真切的。这些人就生活在你的四周,他们是你的亲人、朋友、同事和邻居,他们在你失败受挫时安慰你、帮助你;在你成功兴奋时会鼓励你、赞美你;下雨时,他们会拉你同在一个屋檐下躲雨;刮风了,他们会为你披上一件御寒的风衣。这些人才是你真正应该欣赏的人。

爸爸可以从以下几个方面从小培养孩子善于欣赏他人的意识。

1)孩子在挑剔他人的缺点时,爸爸一定要引导

孩子的认知有限,看人识事往往很片面,爸爸听到孩子挑剔他人的缺点的话语时,一定要给予指导。比如,"那个总是希望领舞领操的小朋友,是不是不怕辛苦,一遍又一遍地在练习?"每个人身上都有自己的优点和缺点。所以,教育孩子去观察小伙伴的时候,首先要想到对方有哪些优点是自己所不具备的,可以向他学到些什么。不要老盯着别人的缺点看。

2)尝试让孩子说出他自己的缺点

刚开始,孩子也许会对这样的话题很抗拒,以为爸爸会借此来批评或惩罚他。一旦爸爸先讲出自己的缺点,证明这样的讨论就像一面镜子,会反映出更真实的自己但不会遭到任何打击和贬斥时,孩子的话匣子就打开了:"我很懒……,我不爱惜文具……"这会使孩子意识到虽然他有缺点,但还是赢得了友谊。换位思考一下,他的小伙伴有一点点小毛病,就被他"全盘否定",是不是不公平呢?

3)尝试让孩子说出家人的优点

欣赏他人首先从欣赏周围的亲人开始。爸爸应首先检讨自己,在家庭成员的相处过程中自己是否以"抱怨者"的面目出现,如果爸爸当着孩子的面,对亲人横挑鼻子竖挑眼,在这样的耳濡目染之下,孩子也会养成对自己宽容,对他人吹毛求疵的品性。所以,爸爸应该以身作则地引导孩子,用"放大镜"去看家人的优点。比如说,将早起的奶奶定义为"勤劳的蜜蜂",把听岔了话答非所问的爷爷定义为"幽默大师",以宽容、诙谐的心态去看待家人的弱点,强化对彼此的欣赏态度,这样,孩子才会一步一步养成"多多欣赏他人"并从中获得乐趣的习惯。

现在的很多孩子,因为在家里都是宝贝,听到的大多都是赞美和表扬,很容易促使他们的自我意识发展得过于强烈,不会去欣赏他人,也难以承受挫折。所以,在我们平时的教育工作中,除了鼓励孩子要自信、自强以外,适时地教育他们学会虚心,学会欣赏他人,对于他们的成长来说,也是非常必要的,这样才有利于他们形成健全的人格,健康的心态。人人学会欣赏他人,人人获得成功的体验,良好的人际关系也就自然形成了。

第九章

培养孩子坚强的意志力

1. 强化孩子的心理承受能力

心理承受能力,是指一个人从挫折中恢复愉快心情的心理素质。心理承受能力对一个人的生活和工作是非常重要的。一个人只要进入社会,就会遇到各种压力、困难和挫折,有的人能勇敢、乐观地去战胜它,而有的人却显得懦弱、悲观,处处想逃避它。

今年读初中三年级的刘敏川,过去曾是个开朗热情、学习优秀的"三好学生",上小学的时候,在班上的成绩一直名列前五名,班上和学校的活动更是少不了他,他表演的节目在学校里都是"压轴戏"。可是,就在两年前的一个小小的挫折面前,他变得消沉了。

那是他上初一的上半年,全区中学举办了一次知识竞赛,刘敏川作为全校的三名选手之一,参加了最后的决赛。但在最后一轮决赛时,他答错了一道题。他答完之后,看到了台下同学们失望的目光,正是这些目光把他拖入了挫折的泥潭。后来,同学们都忘记了这场比赛,他还是陷在其中无法走出来,每当大家无意间提到那场比赛,他都会陷入深深的自责之中。渐渐的他远离了同学们,把自己封闭起来。当他的爸爸发现他精神恍惚,带着他去看心理医生时,被告之他患有轻度抑郁症。

对于这一现象人们从各个角度进行了大量讨论,认为青少年自杀,"病"在儿女,"根"在爸爸。爸爸对孩子过多的照顾和过度的保护,使孩子无法得到磨练,孩子的内心十分脆弱,就像剥离的蛋壳,稍一用力,就成了碎片。

现代社会是一个充满竞争的社会,优胜劣汰是必然现象,我们每个人包括我们的孩子,都会遇到各种压力。比如考试不及格,竞赛不入围,升不了重点中学,和同学、老师关系不好等,这些都会给孩子带来心理压力。特别是那些性格内向的孩子、学习成绩差的孩子、单亲家庭的孩子、生理有缺陷的孩子,他们面对的问题更多。再加上爸爸不能正确地指导、对待他们,使这些孩子在遇到不愉快的事情时,就会有话不敢说,心里的郁积得不到舒展,久而久之,就给自己造成强大的精神压力,长大后无疑难以承受环境带来的各种压力。一个人承受挫折的能力差,他就会拙于应付局面,随之而来的就是消极情绪。消极情绪会限制他的行动和努力,使他更容易遭受失败和挫折,进一步的失败和挫折反过来又会加重他的消极情绪,形成一种恶性循环。

有个名叫郭立的孩子,经常考第一名,不管是什么样的考试,他几乎都能拿第一。第一名就是他的代名词。因此,大家都称他是"考不倒的第一名"。

可是,郭立真的是考不倒吗?在小学升初中的考试中,郭立考砸了,别说是重点中学,连二级以上的中学都考不上。他伤心地哭了,他躺在床上想:完了,这下全完了。

这时候,爸爸对他说:"谁能保证人生道路上就没有挫折!挫折只是考验,失败更能磨炼人的意志,你要用乐观的心态去面对它,才能战胜挫折和失败。"

听了爸爸的话,他想到了自己曾经在日记里写了这样一段话:在生活中,有许多的小失败和小挫折,但是,只要我们能快乐地生活,乐观地面对一切失败和挫折,那我们就是生活的强者。

郭立从此发奋学习,为自己制定了学习时间表,合理安排好自己的时间:每天5点30起床,跑步,读英语,背课文;放学后,看完笔记后做作业;晚饭后,复习、预习。这样,他的每科成绩都提高得很快,成绩都是名列前茅。上到初二时,校长还破例批准他直接升入高中;高中毕业,郭立考取了重点大学。

良好的心理承受力,并不是与生俱来的,它要经过后天的培养、磨炼、吸取教训等之后才能拥有。爸爸要想培养孩子良好的心理承受力,就要从孩子小时候开始,让孩子独立去做一些事情,去经历困难,去遭遇打击,孩子的心理承受力才会慢慢地从这些挫折中得到培养、锻炼,遇到困难不悲观、焦虑,也不懦弱、逃避,而是学会减压,以乐观的态度面对,积极地想办法战胜。

有一个叫黄美廉的女子,从小就患上了脑性麻痹症。这种病的症状十分严重,因为肢体失去平衡感,手足会时常乱动,口里也会经常念叨着模糊不清的词语,模样十分怪异。医生根据她的情况,判定她活不过6岁。在常人看来,她已失去了语言表达能力与正常的生活条件,更别谈什么前途与幸福。但她却坚强地活了下来,而且靠顽强的意志和毅力,考上了美国著名的加州大学,并获得了艺术博士学位。她靠手中的画笔,还有很好的听力,抒发着自己的情感。在一次讲演会上,一位学生贸然地提问:"黄博士,你从小就长成这个样子,请问你怎么看你自己?你有过怨恨吗?"在场的人都暗暗责怪这个学生的不敬,但黄美廉却没有半点不高兴,她十分坦然地在黑板上写下了这么几行字:

一、我好可爱;

二、我的腿很长很美;

三、爸爸妈妈那么爱我;

四、我会画画,我会写稿;

五、我有一只可爱的猫;……

最后,她以一句话作结论:我只看我所有的,不看我所没有的!

这个小女孩是多么的坚强啊,她的心理承受能力让我们大人都为之汗颜。其实,在这个世界上,每个人都有着不同的缺陷或不如意的事情,并非只有你是不幸的,关键是你的心理是如何看待的。无须抱怨命运的不济,不要只看自己没有的,而要多看看自己所拥有的,我们就会感到:其实我们很富有。

爸爸不让孩子出去经受磨难,总把孩子放在精心营造的舒适环境里,孩子最终将会一事无成。所以爸爸要学会放手,让孩子尽早脱离爸爸的羽翼,去体验真实的社会生活,锻炼孩子的心理承受能力,最终帮助孩子走向成功。

日本动画片《聪明的一休》中,有一个令人难忘的情节:

一休的母亲为了磨练一休,让他当了和尚,学会锻炼他独立生活。有一次,小一休跌倒了,被石头碰破了腿,母亲离他只有几步之遥,一休将手伸给了母亲,可母亲无动于衷,只说了一句话:"用手撑一下,自己爬起来。"一休的母亲让小一休明白了一个道理,跌倒了得自己爬起来,就这样孩子逐渐学会了独立。

每个人最初遇到坎坷时都需要别人的帮助,所以,当孩子开始遇到挫折的时候,爸爸就要给孩子及时的帮助,要认真和孩子交谈,解开孩子心中的疙瘩,鼓励孩子坚强、自信地面对问题。启发和开导孩子多从有利于自己的那一面去想,不断增加孩子的信心,提高孩子耐挫折的能力,让孩子在面对困难时具备足够的心理承受能力。

当然,培养孩子的意志力,重要的还在于爸爸要以身作则,为孩子做出榜样。孔子说:"其身正,不令而行;其身不正,虽令不行。"无论家长的文化是高是低,爸爸刻苦好学、自强不息的坚强意志,永远是孩子锻炼意志力的力量源泉。如果爸爸遇到生活或工作上的某些困难比孩子先行打了退堂鼓,那教育和培养孩子意志品质就无从谈起了。

2. 因为懂得,所以勇敢

有的孩子怕黑,不敢进没开灯的屋子。有的孩子怕动物,看见老鼠、蟑螂、小虫之类的小动物就会被吓哭。有的孩子怕地震、怕打雷、怕龙卷风,看到电视上的相关画面就担心地问家长是不是地震、龙卷风袭来……似乎孩子对各种自己不了解的事物都抱有恐惧心理。一般来说,人类通常会对自己不知道的东西感到害怕,不仅孩子会产生这种情绪,就连成人也难免,这是人之常情。但是像怕黑、怕鬼这类恐惧情绪,明显是因为缺少自然知识所导致的。只要爸爸对孩子进行自然知识的教育,孩子就能摆脱对这些事物的恐惧,培养起勇敢的性格。

为了照顾自己的生意,李先生一家移民美国了。李先生在纽约给儿子找了一所小学,为了让孩子功课不至于耽误,他每天都很关注孩子的上学情况。美国小学的教育方法常常让他很吃惊,但吃惊之余觉得人家的教育方法也很有道理。

一天,儿子放学回家拿出一张画给李先生看。孩子说:"爸爸,你看这幅画像不像我?"李先生一看,吓了一跳,他看到孩子正拿着一幅画着白骨的骷髅画。

"你为什么画这个?"李先生不解地问。

"老师让画的。"李先生不相信,为了一探究竟,他决定跟孩子一起到学校看个究竟。

第二天一大早,李先生赶到了学校。踏进了儿子上课的教室。只见教室的墙上挂满了白骨图,他数了一下,一共有19幅。班上共有18个学生,加上老师正好是19人。

"爸爸,你看这张是我。"儿子指着墙角的几乎与他个头差不多的一张画对李先生说。李先生仔细一看,画的右下角还写着儿子的名字。这19张画仔细看像是医学院教学用的尸体解剖图,学校为什么要这些小孩子欣赏这些图呢?

儿子的老师进来了,老师告诉他说这是她上"勇敢课"的教具。她解释说,美国的小学很重视对孩子勇气的培养,老师给孩子看这些图就是想让孩子对自己的身体进行了解,在让孩子学习知识的同时,也让孩子从小就明白这些东西不可怕,是每个人身上都有的。

后来有一天晚上电影散场后,李先生与儿子在往家赶的路上,他问儿子,天这么黑,怕不怕鬼?儿子用很专业的口气告诉他,根本没有鬼,人死了只留下尸骨。

美国小学的教育方式让李先生很是敬佩。

中国的家长在孩子小时候经常吓唬孩子,孩子一闹家长就会说老虎来了,不听话就把你丢到外面,让老虎把你吃了。一听这话,胆小的孩子立即就被镇住。这样一来孩子是变得听话了,但是孩子同时也被家长吓得胆小了。孩子对于那些常识性的东西也越来越害怕,不敢去面对。这也是为什么现在有不少孩子不敢一个人睡觉,不敢独立走夜路,甚至不敢到一个没有电灯的屋子里取东西的原因。为了使孩子勇敢起来,爸爸不妨从以下几个方面着手训练孩子的胆量:

1)教给孩子正确的自然知识

无知和愚昧是产生胆怯的根源,只要爸爸教给孩子足够的自然常识,孩子就一定能够摆脱对某些自然现象的恐惧心理。爸爸可以给孩子买一些相关的书籍,比如百科全书,让孩子从书中寻找自己所不知道的知识。爸爸还可以多带孩子到博物馆去看看走走,让孩子感受人类对自然的探索。此外,爸爸还要抽出一定的时间陪孩子到大自然中去,让孩子真实地感受大自然的伟大和美丽。

2)让孩子直面黑暗

对于怕黑的孩子,爸爸可以先陪孩子一起进到没开灯的房间,陪孩子到房里看看确实没有什么可怕的,以消除孩子的疑虑。然后等到下一次孩子进黑屋的时候,爸爸可以送他到房门口,爸爸站在门口不走,让孩子进房子里去取东西。当孩子进房里后,回头看看家长在门口不走,他便会放心地进去取东西。等孩子取完东西之后,爸爸要表扬并鼓励他,让他真正明白黑暗没什么,其实是自己的恐惧心理阻止了自己迈向黑暗的脚步。

3)采用系统脱敏疗法

有的孩子怕狗怕猫,一看到它们就心惊肉跳,唯恐躲避不及。对于这些孩子,爸爸可以自己先摸一摸狗或猫,或让其他不怕狗的孩子先摸一摸,让自己的孩子看看。然后,再鼓励孩子自己也去摸一摸狗或猫,使他亲身感到只要自己善待动物,它们就不会伤害自己。孩子明白这一点之后,就会高高兴兴地把狗或猫抱起来,逐渐地就不怕猫狗了。这个方法就叫做系统脱敏疗法,是一种治疗孩子恐惧的十分有效的方法。

因为懂得,所以勇敢,只有懂得事物的真相和原理之后,孩子才不会在黑暗面前止步,也不会一听到打雷就吓得大哭。爸爸要想锻炼孩子的胆量,就要教给孩子正确的知识,让孩子懂得事物的原理。

知识就是力量,知识能够驱除孩子由于无知而产生的恐惧。爸爸要及时教给孩子基本的自然和社会常识,这样孩子就会在增长知识的同时,使自己的勇气也得到增长。

3. 爸爸信任,孩子才勇敢

渴望被信任,这是一种积极的心态,是每个正常人的普遍心理,也是一个人奋发进取、积极向上、实现自我价值的内驱力。被信任对孩子良好心理品质的形成具有积极的鼓励作用。爸爸对孩子的信任可以消除孩子行动的顾虑。有了爸爸的信任,孩子会大胆地实行自己的想法,变得勇于开拓、积极行动。研究表明,那些经常得到爸爸肯定和信任的孩子,比那些常常被爸爸溺爱而从来没有冒险机会的孩子更具有勇气。

第九章 培养孩子坚强的意志力

吴琳在35岁时才生了一个儿子,因此她对儿子格外地疼爱,孩子都7岁了,她从来不肯撒手让其独行,甚至离家几步之遥的地方都不让他独去。吴琳的想法较多,她怕孩子过街的时候被车碰到,怕孩子到外面碰到坏人,怕孩子遇到突发事件不会处理等。孩子有几次挣脱妈妈的手,想独立地去做自己的事,都被吴琳硬给拽回来了,孩子眼中含满了泪水。吴琳之所以这样,是对孩子处理这些事情的能力缺少信任,确切地说是对孩子本身缺少一种信任。

有一次,孩子想自己上新华书店买书,吴琳没有答应,孩子非常正式地跟她说,"妈妈,给我一次机会,信任我吧,我肯定没有问题。"面对孩子近似祈求的语气,吴琳决定给孩子以信任。两个小时后,孩子高高兴兴地从书店出来了,一种自豪的表情挂在脸上。

从这以后,只要是孩子能自己处理的问题,吴琳就放手让他去做,有时还把一些重要的事情交给孩子办,孩子完成的都还不错。慢慢地,孩子也感觉到了妈妈对他的信任,变得勇敢多了,只要自己能够完成的事情,通常都是自己完成。

五一放假,吴琳带儿子去南京游玩,在玄武湖公园时找不到儿子了。吴琳虽然也感到一丝害怕,但她认为孩子知道爸爸妈妈的手机号码,即使找不到自己,也会想法和她取得联系的。果然,不一会儿吴琳的手机响了,是一个陌生的当地号码,果真是儿子,儿子告诉吴琳他在一家小报亭前用公用电话给她打的电话。

爸爸问他:"你身上有钱吗?"儿子说给妈妈打电话的钱是向报亭主人央求借来的。不知什么原因电话断了,吴琳心想坏了,要是他身边有钱就好办了。她就又把电话拨过去,想让儿子不要走,等在那儿,然而却打不进去,电话一直占线。

就在吴琳和老公着急时,手机又响了。这时儿子在电话里告诉她,让他们到公园大门口等他。吴琳和老公刚到公园门口,儿子从一辆出租车里钻了出来。

家庭教育是在爸爸和子女的共同生活中,通过双方的语言交流和情感交流来进行的。爸爸与子女的相互信任是成功家教的重要因素。一些教育专家在家庭调查中发现,子女对爸爸有特殊的信任,他们往往把爸爸看成是自己学习上的蒙师、德行上的榜样、生活上的参谋、感情上的挚友。他们也特别希望能得到爸爸的信任,爸爸的信任对于孩子来说,就是一剂祛除胆怯的速效药,只要爸爸充分地相信孩子,那么孩子的胆小怯懦就会被彻底医治。

有家庭教育专家曾经说过,教育的奥秘在于坚信孩子"行"。每个孩子心灵深处最强烈的需求和成人一样,就是渴望受到赏识和肯定。爸爸要自始至终给孩子前进的信心和力量,哪怕是一次不经意的表扬,一个小小的鼓励,都会让孩子激动好长时间,甚至会改变整个面貌。爸爸应该从对孩子的信任出发,培养孩子的勇气,相信孩子能够自己穿好自己的衣服,相信孩子能够独自上学,让孩子在爸爸的鼓励和信任中勇敢地面对生活,不断地取得进步。

那么,怎样才能做到信任孩子,通过信任来增强孩子的勇气呢?

1)为孩子提供施展才能的机会

在日常生活中,对孩子的一切,爸爸切忌热心包办和冷淡蔑视。凡是孩子能做的事,只要是有益的,爸爸就一定要支持孩子独立完成。孩子缺乏经验和技术,有时失败了,或者有什么失误,这是正常现象。当孩子遇到挫折和失败时,爸爸应多进行安慰和鼓励,帮助他们找出原因,使他们的自信心得到充分的保护。通过生活上的自理,孩子会逐渐认识到自己的力量,从而在以后的生活中才能勇敢地依靠自己的力量。

2)正确对待孩子的缺点

当孩子有了错误时,爸爸不要用偏激的言辞去斥责,而要循循善诱,晓之以理,和孩子一起分析事件的来龙去脉,指出孩子犯错误的原因以及造成的危害,然后帮助孩子改正错误。一生中不犯错误的人是没有的,特别是人生观和道德观正在形成中的孩子,有缺点错误的可能性更大。做爸爸的要充分理解他们、信任他们,引导他们正确对待错误。

3)不失时机地给孩子以鼓励

对孩子经常性的鼓励可以增强孩子的自信,可以让孩子感到爸爸对自己的信任。

一个学生很胆小,老师每次提问都不敢举手回答,即使她自己知道答案。老师发现后就鼓励她举手,老师和她约定:当她真会的时候就高高地举起左手,不会的时候就举起右手。这个约定,对孩子来说是一种莫大的鼓励。渐渐地,这个孩子越来越多地举起骄傲的左手,越来越多、越来越好地回答老师的课堂提问。这个原本极有可能在太多的嘲笑中失去勇气的孩子,也由一个差生转变成了一个好学生。可见鼓励对培养孩子勇气的作用。

4)对孩子宽严相济

有的爸爸认为,教育孩子就是让孩子怕自己,孩子对自己有了"畏惧"才能产生很好的教育效果。其实不然,这样只会让家长和孩子之间的感情产生裂痕。正确的做法是对孩子既要严格要求,善于从日常生活中发现问题,随时给孩子引导和指引;又要把孩子作为平等的伙伴,与孩子一起学习一起玩,尊重孩子的一切;这样,孩子就会把家长当作朋友来看,孩子的心里就会感到踏实,他们也更有勇气去面对其他人。

爸爸对孩子的信任能够激发孩子内心的动力,让孩子体会到成功的快乐和失败的快乐。他们会在爸爸充满信任和友谊的目光与言语中,自己从摔倒的地方勇敢地爬起来,一步一个脚印地走向成功,实现他们心中的理想。

4. 把失败的权利还给孩子

虽然说"失败是成功之母",但是人人都想获得成功,不愿承认失败。事实上,失败也有它的价值,对于学生们来说更是如此,只要爸爸正确引导,孩子也可以在失败中成长。

王岚是六年级的学生,她不仅漂亮,学习也很好,每次考试都是全年级的前三名。一次老师告诉王岚区里要进行各校之间的比赛,学校选派她去参加。

王岚很兴奋但也有点紧张,老师和爸爸妈妈都鼓励她,说只要是发挥正常,拿名次没有问题。

考试那天,王岚看到操场上站满了各个学校的老师、领导还有家长,他们不停地给即将参加比赛的孩子在说着要求。她一下子就紧张起来,汗也出来了,感觉心里都在发抖,结果在考试比赛中,王岚发挥失常了,不但没有拿到名次,还被远远地甩到了50名之后。她哭得很伤心,甚至不敢去上学。

爸爸领着王岚去郊外散心,路上给她讲了许多成功成名的科学家、残疾人面对失败和挑战自强不息的故事,鼓励王岚向他们学习,相信自己。爸爸告诉她,在人生成长的道路上,失败是很正常的,没有人不经过失败而百战百胜,关键是有智慧的人会利用失败,接受挑战,迎来下一次的成功。

很快,王岚就从这次失败中站了起来,不再计较一两次的考试失利,在后来的升学考试中,终于以第一名的成绩考入了自己理想的学校。

第九章 培养孩子坚强的意志力

做爸爸的，往往是望子成龙、望女成凤，一门心思扑在孩子身上，天天在孩子耳边念叨：成绩要好呀，要努力呀，不能掉队呀。一到考试或者比赛的时候，更是比孩子还着急，不厌其烦地嘱咐孩子一定要考好，不许失败。

这样的心情可以理解，但真的对孩子有害无益。没有谁能事事成功的，也不是任何事一次就能做好的。孩子只是孩子，他没有生活的阅历与经验，他还处在人生中最初摸索的阶段，他有权利失败。

爸爸和女儿做了一个交换：女儿捏冰块15分钟，爸爸送给她一本好书。

爸爸从冰箱的冷冻柜里取出一块大大的冰块，递给女儿，让女儿一直握着它。女儿刚握了两分钟，就感到骨头钻心的疼。但不肯服输的女儿为了赢得这场比赛，她用另一只手拿起旁边的药瓶，认真看上面的详细说明，借用这种办法来转移注意力。

坚持到第五分钟后，女孩感觉手部的骨头都要冻裂了。但是离15分钟还有很长时间，于是她继续坚持着。

又过了两分钟，她的手已经被冻得麻木了。直到坚持到第15分钟，女儿发现自己的手已经变成了紫红色，火辣辣地感觉，这时候她把所剩不多的冰块放下，再摸其他的东西，感觉都很烫。心疼女儿的爸爸赶紧帮她用水冲手。

为了表示对女儿战胜冰块的奖励，爸爸送给她一本好书。女儿为此欢呼雀跃，丝毫没有顾及手的疼痛。

正是由于这种训练，让这个女孩练就了坚强的品格，并感受了勇敢带来的乐趣，最终在学业上取得了优异的成绩，考取了哈佛大学。

或许，你会感到这位父亲的残酷，为了让孩子拥有坚强的意志，居然给她这么残酷的训练。当然,这种做法并不是所有爸爸都能够接受,但我们要感受的,是孩子从中被训练出来的顽强意志力。

生活中,爸爸可以适当地和孩子谈论自己事业及家庭生活遇到的挫折和不如意,让孩子逐渐地对挫折有一个全面的认识,为孩子正确对待各种挫折树立榜样。这样一来,爸爸对生活的热爱、执着、不怕困难的态度和坚强的意志,将会成为孩子面对挫折时最强有力的精神支柱。

我们每个人在受到挫折时,都会产生消极情绪,渴望别人来了解内心的痛苦。当我们得到别人富有同情心的理解之后,才能恢复内心的平静,冷静而理智地反省自身,接受别人的批评与建议,寻求解决问题的办法,从挫折中站起来。所以,家长在孩子面对失败时,应该用信任鼓励孩子,让他从失败中学习,从失败中吸取教训,使孩子获得肯定和自信,获得战胜失败的勇气和能力告诉孩子:你可以失败。

孩子只是孩子,他没有生活的阅历与经验,他还处在人生中最初摸索的阶段。他有权利失败。

哪个做爸爸的不是在磕磕绊绊中走过来的?那么,也请宽容孩子吧,把失败的权利还给他们。允许孩子失败,就等于是给了他锻炼自己意志力的机会,也给了他增加自己阅历的机会。

其实,在生活中,让孩子适当地承受一些失败是很必要的。作为爸爸,必须让孩子知道,每个人都有失败的可能,失败并不可耻,更不可怕,可怕的是失败了不敢面对,不去改正不足。

5. 舍得放手，给孩子独立的机会

如今不少孩子，把家长当作"拐杖"使，"拄"着生活，"拄"着上学，"拄"着办事，什么事也要爸爸陪着，好像离开大人就立不起身，办不了事。而爸爸们也是一步不陪就不放心，从小时候陪着玩、陪着吃、陪着学，到大一些了升学陪着填志愿，考试陪着找考场，开学陪着办手续……

曾经看到这样一个场面：

那是一个冬天的早晨，雪下得很大。在马路边上，一位小学高年级的女生，她坐在路边草坪的护栏上，伸着腿，叉着腰，指着马路上正在为她叫车的爸爸喊着："快一点！你要是叫不着车，我迟到了怎么办？"只见她那可怜的爸爸，一手抱着女儿的书包，一手不停地挥动，满头大汗，不停地跑前跑后……

这种事情我们经常遇到，上学本是孩子的事情，迟到也是由孩子自己负责，自己的事情应该由孩子自己去做。而我们许多的爸爸，往往忽略这一点，给孩子包办一切，从小就让孩子养成了这样的不良习惯。不同的国度，不同的爸爸，采用不同的教育方式，孩子的责任意识就完全不一样。

下面这个故事就很好地说明了这一点。

一群美国中小学生利用假期到中国生活了几天，他们吃住在中国人家里。戴瑞是最小的一个，刚刚11岁，她给中国学生印象最深的是那个与她年龄不大相称的大背包。一天，游天坛公园时，同行的一名中国学生想助人为乐,便走过去对戴瑞说:"我帮你背包吧!"不料,戴瑞睁大双眼,疑惑不解但又彬彬有礼地说:"谢谢你!自己的东西应该自己拿呀!"其实,戴瑞的爸爸和兄长就在她身边,而且他们各自背的包要轻巧得多。一位中国记者问戴瑞:"外出都是自己拿东西吗?"她微微一笑点点头。这天,她背着足足有三五公斤重的包,但仍玩得很开心。

有些爸爸就因为害怕孩子年龄太小,"做不好"、"做砸了",事实上,这种担心是多余的,孩子自己做主去尝试的事,一般是他们自己在估量了自己的"实力"之后能胜任的事情。再说,即使"做不好事情"又有什么大不了呢?孩子能积极主动地去做一件事,就是成功的开端!因此,爸爸不要用过度的爱去窒息孩子身上可贵的独立意识;而应该尽最大限度地留给孩子自由发展的空间,凡是孩子能做主的事情,就尽量地让孩子主动自觉地去干。

有一个叫丹丹的女孩,4岁。丹丹的妈妈可能觉得她是女孩子,有时挺惯着她的。平时在家里,丹丹若是不小心摔倒了,妈妈绝对是百米冲刺的速度,急匆匆地抱起丹丹,"小心肝"、"小宝贝"地一通叫,本来不怎么哭的孩子被妈妈这么温存着,也觉得自己不知受了多大委屈似的,非要扯开嗓子哭它个昏天黑地不可。而女儿和爸爸单独在一起时,不小心跌倒了,爸爸一般不会去扶她,而是告诉她自己跌倒要自己站起来。她泪眼婆娑地望着爸爸,但是爸爸不理丹丹,丹丹自己觉得好没意思,也就站起来了。然后,爸爸抱着丹丹,大声夸奖:"我们丹丹真勇敢,摔倒了是自己站起来的。"

一句及时简单的夸奖,就激励了丹丹的勇气,也让丹丹知道跌倒了要自己站起来。

在孩子独立自主地干好自己的事情，以自己的能力进行生活自理的过程中，作为爸爸，要从思想上对孩子进行启发，使他们自觉地增加独立思考能力，做到独立地提出问题、思考问题、解决问题，养成自觉主动而不依赖别人的良好习惯。

爸爸放手让孩子独立地做事，给孩子锻炼独立自主精神和自理能力的机会，不妨留意一下这些细节：

1)让孩子制定一个完成任务的计划。制定目标和计划时需要量力而行。一旦任务和目标确定，一定要让孩子独立完成。在必要的时候，爸爸可以给予适当的帮助，但基本工作应由孩子自己去做。

2)孩子独立干一件事情的时候，不要轻易打断他，让他去干别的事。这样有助于培养孩子善始善终的毅力。

3)鼓励孩子，不要因为孩子没有把事情做好而责备埋怨他。否则，孩子会因此失去自信，产生自卑感。

当然，放手是有策略的，也要注意方式方法，放手是一个循序渐进而又需要长期坚持不懈的过程。

首先，放手不是放任。放手是放与不放的交替进行，是精心培养孩子的一种方式方法，是开放教育思想在具体行动中的体现，并不是孩子自己想怎样就怎样，而是完善、引导、鼓励孩子去怎样做，并要高度关注孩子的变化，在恰当时候要一分为二地与孩子分析情况，解决问题，指出缺点，明确方向，鼓励其前进。

其次，放手不是放松。家长放手就是让孩子学会自主，充分发挥孩子的内在潜能，放飞孩子自由的心灵和无限的想象。真正的放手应该是一种艺术，犹如一篇优美的散文——形散而神不散，也犹如画龙点睛，恰到好处，虽然管得不多却非常到位。这就需要爸爸对孩子的日常言行了如指掌，操作时才可"视而不见"。

再次，放手不是放纵。放手也是对孩子一种自律能力的培养，让孩子在自己自由的空间中感受约束,在享受权利的同时必须肩负责任。要引导孩子辨别是非,做事必须遵守规则,恪守诺言,诚信为本,在实践中加强孩子的规则意识。

四是不要马上予以帮助。当孩子遇到困难时,不要立刻上去帮忙。有时孩子自己干什么事做不好也会哇哇大叫,但是过两分钟自己就做好了。

五是适当称赞。小孩做事不会很完美,比如孩子收拾玩具,往往会把玩具叮叮咣咣地乱扔进玩具箱,只要她做到了,就要夸她做得好。

6. 鼓励孩子学会坚持

任何成功都不是一蹴而就的,都必须经过当事人千辛万苦的努力,历经许多次失败,总结许多次的经验教训后才能获得。在这个曲折的过程中,孩子是否具有坚强的意志,将直接决定最后的成败。所以做爸爸的,要鼓励孩子学会坚持。

有一个叫提夫的孩子对足球十分痴迷。一个偶然机会,他被爸爸送到了足球学校学习踢足球。希望他可以在自己喜欢的领域有所成就。

在足球学校里有很多的孩子,而提夫并不是他们当中出色的一位,因为此前他并没有受过规范的训练,踢球的动作、感觉都比不上先入校的队友。提夫上场训练时,常常受到队友们的奚落,说他是职业的"业余球员",孩子为此很难过,他问教练:"我真的永远都是业余球员吗?"

第九章 培养孩子坚强的意志力

"提夫,想听一个故事吗?"杰姆教练并没有直接回答。

"故事?"小提夫有点茫然。

"对,这个故事会对你有所帮助,"杰姆教练开始讲述故事。

"曾经有一个著名的推销员,在他的退休大会上吸引了许多崇拜的人参加,当有人询问他推销保险的秘诀时,他微笑着表示,一会儿就告诉大家。所有的人都企盼着。这时,从后台出来了4个强壮的男人,合力扛着一座铁马,铁马下垂着一只大铁球。所有的人都不明白接下来是做什么?

这时,那个著名的推销员走上台,没有说话,只是朝铁球敲了一下,铁球纹丝不动;隔了5秒,他又敲了一下,还是没动。于是他每隔5秒就敲一下,持续不停,但是铁球还是一动不动。时间已经过去半个小时。他还是没有说话,铁球也还是纹丝不动。"难道这就是他要告诉我们的秘诀?"台下的人群开始骚动,陆续有不耐烦的人悄悄的离开。

但推销员还是自顾自地敲铁球。时间一分一秒地过去,人也愈走愈多,最后留下来的只剩零星几个。

这时,大铁球终于开始慢慢晃动了。经过40分钟后,大幅度摇晃的铁球,就算任何人的努力也停不下来。"这就是我送给你们的秘诀。坚持必然会有结果。但只有耐心的人才可以得到这个秘诀。"推销员最后说道。

杰姆教练说:"故事讲完了,提夫。我希望你能明白,只要每天都努力,你每天都会进步一点点。你不会永远都是业余球员。"提夫相信教练,于是更加刻苦的训练。

每个队员踢足球的目标就是进职业队打上主力。这时,职业足球队也经常来足球学校挑选后备力量。但是选了很多次,提夫仍没有被选上,他实在没有信心再练下去,他认为自己虽然场上意识不错,但个头太矮,踢球太晚,而且每次选人时,他都迫切希望被选上,因此上场后就显得紧张,导致平时训练水平发挥不出来。

"也许我真的不适合踢球?"他为自己在足球道路上黯淡的前程感到

迷茫,开始怀疑起自己。但是提夫想起了那个铁球的故事,"不行,不能放弃。我一定可以被选上。"他对自己说道。

第二天,提夫收到了职业队的录取通知书。他激动万分,希望教练可以与他一起分享。当他看到教练的时候,他发现教练的眼中同他一样闪烁着喜悦的光芒。

"提夫,祝贺你,你最终还是成功了!铁球现在开始晃动了!"杰姆教练高兴地对他说,"也许你会是下一个球星!"

"谢谢您,杰姆教练,谢谢您告诉我的故事,我一定会永远记住。"提夫一字一句地说。

做爸爸的永远不要对孩子失去信心,对孩子多一些鼓励,让他们明白,只有坚持不懈地做好每一件事,才能取得最后的成功。

四岁的小杰和妈妈去上海旅游,在一家商店里买了一辆崭新的自行车。这辆自行车漂亮极了!它是宝蓝色的,一身绣满了翠绿色的花纹,车身上还有几只米老鼠和唐老鸭。小杰喜欢极了!

买了自行车后,妈妈就让小杰学骑自行车。一开始,小杰还不会骑,接二连三地摔了好几跤。小杰问妈妈:"妈妈,你能不能给我示范一下?"妈妈微笑地说:"好吧!"妈妈就骑着自行车转了几圈。小杰恍然大悟,原来骑自行车这么简单,胸有成竹地对妈妈说:"妈妈,我知道怎么骑了。"小杰信心十足地骑上自行车。"啊!"小杰尖叫一声,摔了一个"四脚朝天",这一跤可把小杰摔得"鼻青脸肿"、"遍体鳞伤",信心百倍的小杰打算放弃了。妈妈语重心长地鼓励小杰说:"小杰,你既然开始学了,就不能放弃,要知道,坚持就是胜利。"小杰听了默不作声,妈妈又鼓励小杰说:"失败是成功之母,妈妈相信小杰一定能成功的!"小杰听了这话,坚定地点了头,又练起自行车来。这一次,小杰不怕摔跤,坚持了下来,最终学会了骑自行车。妈妈为小杰的坚持鼓励他一个玩具,小杰也为此学会了坚持。

小杰在妈妈的教育下学会了坚持下来,所以取得了成功,那么当爸爸在教育孩子的时候应该注意哪些方面呢?

1.让孩子树立成功的信念

好的信念会支撑孩子去坚定地完成目标。人在很多时候选择坚持下去,就是因为他们抱持了必胜的信念,信念支撑着他们选择继续坚持。

小刚3岁时刚开始学数学,爸爸为他准备了一些小木棍,来辅助他进行加减运算。爸爸平时喜欢给小刚讲伟大数学家的故事,用这些人物来激励孩子。这让小刚从小就树立了一个远大的目标,就是将来做一个数学家。就是在这种信念的支持下,对于数学这么一个在别人眼中很枯燥的学科,小刚却学得津津有味。

让孩子树立起一个强烈的信念,有了这个信念,孩子就会更主动地向目标前进,也使孩子在面对困难和挫折时,能够去努力坚持。

2.教会孩子自我激励

孩子在遭遇挫折和困难时,有来自爸爸或是他人的鼓励是很好的安慰,但是如果没有,就需要孩子学会自我激励,尽快调整自己的情绪,坚持下去,战胜挫折和困难。

爸爸要教会孩子:在心里记住自己成功的事,这表明自己有能力战胜挫折,以增强自己的自信心;让孩子学会把握自己的情绪,多产生积极的思维倾向;认识到适当的压力也是一种动力等。做到这些,孩子就能在积极的自我激励中激发潜能,坦然面对挫折。

3.让孩子做事有始有终

对事情做到有始有终,可以在无形中练就孩子面对挫折不轻言放弃,勇敢坚持的心态。这让孩子离成功越来越近。

涛涛对弹琴产生了浓厚的兴趣，妈妈便给他买了一个电子琴，还专门请了一个老师来教他。刚开始他还是很有兴趣的，可是随着课程的加深，他越来越觉得自己跟不上了。看到别人弹得比自己好，还能经常受到辅导老师的表扬，他就想放弃了。妈妈对他说："不论做任何事情，都不是轻而易举就可以成功的，要学会坚持。等到这些难一点的课程你都能掌握了，就会觉得越学越轻松了。做事情就要坚持有始有终，只有这样才能真正做好事情。"

孩子做事肯定会碰到各种各样的困难和挫折，爸爸一定要让孩子学会有始有终地来做事情。孩子会为了能够最终完成任务，积极地去寻求解决的办法，最终把事情完成。这样孩子以后就不会惧怕困难了。

4.让孩子在坚持下实现成功

对于在困境中的孩子，爸爸要多给他们鼓励，鼓励孩子坚持下去，再坚持一小时，一天，一个月，最终坚持到成功。

淘淘和爸爸妈妈一起去爬山，还不到半山腰，他就觉得自己体力已经到了极限，再也不能多走一步了，嚷着要下山。爸爸见状便和他说："只有到了山顶才能够看到全城的景色呢，现在下去就看不到了。我们先休息二十分钟吧，喝点儿水，我相信你一定可以和我们一起走到山顶的。"

妈妈也对淘淘说："既然我们都已经开始了，就坚持到底吧。"淘淘想了想，同意地点点头。二十分钟后，全家人又上路了。三个小时后，淘淘终于和爸爸一起爬到了山顶。

孩子在面对困难不想坚持下去的时候，爸爸要多跟孩子说一些鼓励性的话,让孩子在精神上先不要放弃,继续去努力,积极面对每一个细节。

爸爸要告诉孩子,不论是财富还是知识,都是像爬山一样,要通过坚持和累积才能最终获得成功。一个不善于坚持的孩子,想通过一蹴而就获得成功,是不可能的。任何成功都是一个积累的过程。认真对待前进中的每一个细节,如听好每一节课,做好每一道题,坚持不懈,才能真正学好和做好事情。爸爸的鼓励非常重要,这可以促使孩子最终走向成功。

7. 世上没有什么"不可能"

这个世界上没有什么不可能的事情,只要你肯充分发挥自己的潜力,敢去做别人认为不能做、不可能做的事,你就成功了60%。总喜欢说"不可能"的人,必定是一个失败之人。因为他在做任何事情之前,首先想到的是失败的后果,根本没有勇气去设想成功的喜悦。这样,他在做事的过程中,就会不断地寻找各种困难作为放弃的理由,直至将本来有可能的事情,变得完全没有可能。

事实上,"不可能"只是我们欺骗自己的一个借口,是我们取得成功的绊脚石,只有克服了"不可能"这种心理因素,才能将奋斗付诸行动,才能朝着既定的目标前进。而克服"不可能"的唯一办法就是牢固树立"没有不可能的事情"的意识。当你树立起这种意识之后,你就会发现,积极主动的心态取代了消极悲观的心态;对任何事情你都会主动尝试而非被动接受;无论处境如何,你都会对未来充满希望;越来越多的目标都能如愿实现,尽管过程充满艰辛,但你从未中途放弃。

当你真正认识并彻底领悟"世上没有不可能的事情"的时候,你离成功就又近了一步。

只有积极主动的人,才能在瞬息万变的竞争环境中取得成功;只有善于展示自己的人,才能在工作中获得真正的机会。成功青睐那些对未来充满渴求的人,青睐那些自信自己能够成功的人。

美国布鲁金学会以培养世界杰出的推销员著称于世。它有一个传统,在每期学员毕业时,设计一道最能体现销售员实力的实习题,让学员去完成。

克林顿当政期间,该学会推出一个题目:请把一条三角裤推销给现任总统。8年间,无数的学员为此绞尽脑汁,最后都无功而返。克林顿卸任后,该学会把题目换成:请把一把斧子推销给布什总统。

布鲁金学会许诺,谁能做到,就把刻有"最伟大的推销员"的一只金靴子赠予他。许多学员对此毫无信心,甚至认为,现在的总统什么都不缺,再说即使缺少,也用不着他们自己去购买,把斧子推销给总统是不可能的事。

然而,有一个叫乔治·赫伯特的推销员却做到了。这个推销员对自己很有信心,认为把一把斧子推销给小布什总统是完全可能的,因为小布什总统在得克萨斯州有一个农场,里面长着许多树。

乔治·赫伯特信心百倍地给小布什写了一封信。信中说:有一次,有幸参观了您的农场,发现种着许多矢菊树,有些已经死掉,木质已变得松软。我想,您一定需要一把小斧子,但是从您现在的体质来看,小斧子显然太轻,因此你需要一把不甚锋利的老斧子,现在我这儿正好有一把,它是我祖父留给我的,很适合砍伐枯树……

后来,乔治收到了小布什总统15美元的汇款,从而获得了刻有"最伟大的推销员"的金靴子。

乔治·赫伯特成功后,布鲁金斯学会在表彰他的时候说,"金靴子奖"已空置了26年。26年间,布鲁金斯学会培养了数以万计的推销员,造就了数以百计的百万富翁,这只金靴子之所以没有授予他们,是因为我们一直想寻找这么一个人,这个人不因有人说某一目标不能实现而放弃,不因某件事情难以办到而失去尝试的机会。

在一个看上去并不起眼的小酒吧里,有一位年轻人每天专注地弹奏着钢琴,他弹得非常好,客人们也都愿意认真倾听他的弹奏,他也因此为酒吧吸引了很多慕名而来的客人。

有一次,一位中年顾客在听了几首曲子后,对他说:"我每天晚上都来听你弹奏,但翻来覆去都是这些曲子,你不如唱首歌给我们听吧。"中年顾客的提议得到了不少人的响应和附和。

年轻人显得非常为难,他向大家表示自己从来没有学习过唱歌,他只学习了弹奏乐器。并说自己只是长年累月在这里弹琴,唱歌恐怕会很难听。

大家却仍然鼓励他唱歌给他们听,有人说:"年轻人,试试吧!你说你从来没有唱过歌,说不定你还是个歌唱天才呢,只不过你自己还没发现罢了。"

年轻人仍然怕自己万一唱得不好会出丑,因为自己并没有经过这方面的专业训练。于是他坚持说不会唱歌,只会弹琴。酒吧的经理怕他扫了大家的兴致、得罪了顾客,就对他说:"你要么选择唱歌,要么另谋出路。"

年轻人被逼无奈,只好红着脸唱了一曲《蒙娜丽莎》。大家都被他那流畅自然、男人味十足的歌声迷住了。他这一唱可以说是一鸣惊人,大家纷纷鼓励他向歌坛进军。

这位年轻人终于又一次认识到了自己,他决定向流行歌坛进军。为了实现这个目标,他放弃了弹奏乐器的艺人生涯,每天清晨都坚持练歌。

后来这位年轻人成为著名的歌手,他就是美国著名的爵士歌王纳京高。

鲁迅非常赞赏世界上第一个吃螃蟹的人,称第一个吃螃蟹的人是勇士。他说:"世上本没有路,走的人多了,也便有了路。"成功离不开实践,只有勇于尝试的人,才有可能取得成功,不尝试永远不会成功。

当面对一个机会时,勇于尝试,即使失败了也是有意义的,因为这样至少可以对自己多一点了解,对新事物也多了一些认识。尝试其实是一个不断接触、体验的过程,很多事情并不是在最初就可以看到、预料到结果的,只有尝试之后,才能增进对事情的了解,为下一次的实践打好基础,也就是为成功打好基础。所以,尝试很重要,细想一下,其实我们就是伴随着一个又一个尝试长大和认识这个世界的。

对于勇敢者,尝试是一种生活道路。但凡成功者,都曾有多次尝试的经验。尤其是孩子,将来要承担更多的责任,因此更应该勇于尝试,更应该勇于面对新事物!

爸爸要让孩子明白,对于想做的事,试,还有一些成功的机会,而不试,成功的概率就是零。同时,尝试过没有成功和不尝试直接放弃是完全不同的。尝试过没有成功,可以为下次的成功积蓄经验教训,为下次的成功做好铺垫。而不尝试直接放弃,则只是白白错过许多锻炼和成功的机会。

1)告诉孩子要勇于决断

俗语常说"三思而后行",于是有些孩子便以这句话做挡箭牌,把果敢说成冲动。但事实上,一件事情他们可能已经三思、四思、五思了,可迟迟不能决定。

陈平是个初二的孩子,他拥有很好的文采和出色的口才。有一次,学校推选一个学生代表全校参加市里的演讲比赛,陈平分析了自己各方面的能力后,认为自己完全可以胜任这个工作。但是当学校内部进行评选时,他一直死死地坐在座位上,不敢上台去演讲。

事后,他非常后悔,于是回家告诉妈妈,希望妈妈能为自己争取一下。妈妈很了解他,也很为他可惜,但是她告诉孩子:"从才能上说你无可挑剔,但是连学校的评选你都害怕,老师怎么会相信你能在那种场合发挥出自己的水平呢?"

现在社会瞬息万变,机会可以在瞬间出现,也可以在瞬间消失,所以爸爸要告诫孩子,分析完情形后,要立即决断,不然机会肯定就会溜走。

2)鼓励孩子要敢于尝试

只有尝试才能有更多的收获,敢于冒险才可能有成功的机会。爸爸应该告诉自己的孩子去尝试,即使摔跤,那也是人生的一种收获。试一试才可能成功,不试永远不可能成功。

林锋是个六年级的孩子,他很聪明,现在已经是远近闻名的小发明家了。他刚开始对发明感兴趣的时候,只是为了玩玩。妈妈知道他的爱好后,便问他为什么不试着去发明一种东西,他没有说话。后来老师让他参加市里的科技活动比赛,他开始犹豫了。妈妈看出了他的犹豫,便告诉他:"去试试吧,至少有成功的机会,否则你会后悔的,孩子不应该轻言放弃。"

孩子第一次学走路的时候,爸爸应该鼓励他们去试着自己走,只有摔跤才能快速地成长,也只有更多地尝试才能让他们更有机会成功。在平时的生活中,爸爸也应该多鼓励孩子去尝试自己不擅长、不熟悉的领域,让他们勇于尝试,敢于挑战。

3)告诉孩子不要害怕失败

害怕失败是许多孩子选择放弃的重要原因。孩子都有强烈的自尊心,生怕别人笑话自己,但是谁能不失败就轻易地成功呢?这种毫无价值的自尊心应该被丢弃。正确看待失败是孩子成为真正男子汉的标志,男子汉不仅要敢于成功,更要不怕失败。

爸爸要鼓励孩子淡然地看待失败,哪个成功的人没有失败过?爸爸可以给他们讲一些名人在成功前遇到的失败和挫折,告诉他们只有不害怕失败的人,才能果断而勇敢地把握住成功的机会。

4)培养孩子自信从容的态度

自信从容的心态是孩子果敢的前提。一个人如果对自己不自信,不能从容地面对挑战,很难想象他可以果敢地做出决定。

平时在生活中,爸爸应该多鼓励孩子,让他们正确认识自己,相信自己,并且多让孩子去接触外部世界,例如,参加聚会、参加集体活动等,让孩子面对挑战和变化时,保持从容的态度,这样他们才能正确思考,准确把握时机,迅速出手夺取胜利。

第十章

名人家训:好爸爸胜过好老师

1. 古代名人别出心裁的教子课

古往今来,人们为渴望子女成才,其教育方法不胜枚举,各具特色。其中,不少名人教育子女成才的方法却别出心裁,耐人寻味。

"令"教

三国时代的政治家曹操十分重才,对儿子要求也很严,还特地颁布了一个《诸儿令》,意思是:"儿子们在年幼的时候,我虽都喜爱,但长大了能成材的,才一定用他。我这不是说二话,我不但对臣属没有偏心,就是对自己的儿子也不想有任何偏袒。"

"名"教

1945年,林伯渠的小儿子6岁,要上学了。林老对儿子说:"上学,该有个地道的名字,我看你就叫'用三'吧!"儿子百思不得其解,林老语重心长地解释道:"'用三'者,三用也,即用脑想问题,用手造机器,用足踏实地!"

"联"教

郭沫若是对联创作和巧用的好手。1940年秋,郭老与夫人于立群、侄儿郭倍濂、侄媳魏蓉芳在书房闲谈。谈话中郭沫若挥笔写了一联,内嵌"蓉芳"二字,以教诲后辈:"莫学芙蓉空有面;应效芬芳发自心。"此联深蕴哲理,不仅告诫年轻人不要华而不实,应该艰苦奋斗,而且阐明了事物的表与里的辨证关系,具有深刻的教育意义。

"铭"教

我国宋代大文豪苏东坡的长子苏迈赴任华阳县太尉时,苏老送他一只砚台,上面有苏老亲手刻的砚铭:"以此治财常思予,以此书狱常思生。"苏迈表示一定不负父示,做一名勤政廉洁的好官。

"碑"教

北宋名臣包拯,素有"包青天"的美誉。他家中堂屋东壁竖立一块石碑,碑文刻的是包拯的遗嘱家训:"后世子孙仕官有犯赃者,不得放归本家,亡殁之后不得葬于大茔之中。不从吾者,非吾子孙。"这也是有名的"家训碑"。

"诗"教

林则徐是我国清代禁烟运动的民族英雄,他有一女,才貌双全,嫁给了当时颇有才气的沈葆桢。沈年轻气盛,到处夸口,目空一切。一天晚上,天空虽是一钩弯月,却也月光如水,照亮大地。恰逢沈葆桢饮酒,诗兴来了,就写了两句咏月的诗:"一钩已足明天下,何必清辉满十分。"这两句诗的意思是说,弯弯的一钩残月已照亮了大地,何必要那银盘一样的满月呢?自满之情溢于言表。林则徐看到后,担心沈葆桢从此不思进取,故步自封,落得个江郎才尽的下场。于是,沉思良久,拿过笔把"何必"的"必"字改为"况"字,使诗句成了:"一钩已足明天下,何况清辉满十分。"沈葆桢看后，十分羞愧，因为虽然是一字之差，但意思却大相径庭，由自满的口吻变成了壮志凌云的生动写照。从此以后，沈葆桢变得谦虚好学了。

清代著名书画家郑板桥，晚年得子，不胜欣喜。但他对儿子不溺爱。他在弥留之际，叫儿子亲手做几个馒头给他吃。当儿子做好馒头端到他床前时，郑板桥已经咽气了，儿子悲痛欲绝，突然看到茶几上有一张父亲的字条，上面写到："流自己的汗，吃自己的饭，自己的事业自己干，靠天靠地靠祖宗，不算是好汉。"这是郑板桥给儿子上的最后一课。

教育家陶行知很重视对孩子进行理想教育，常劝孩子要勤奋学习，莫误好时光，为此写了一首诗："人生天地间，各自有禀赋，蹉跎悔歧路，为一大事来，做一大事去，多少白发翁，寄语少年人，莫将少年误。"孩子们看了很感动，决心以此诗激励自己上进。

德国诗人歌德非常关心孩子的心理健康，他常能从蛛丝马迹中觉察出"异味"，并用诗歌来启迪孩子。一次，他发现孩子一本纪念册上写有这样一段小诗："人生在这里有两分半钟的时间／一分钟微笑／一分钟叹息／半分钟爱／因为在爱的这分钟里他死去了。"歌德提笔"续"完了诗的下半"阕"，他写道："一个钟头有六十分钟／一天超过了一千／孩子，要知道这个道理／人能够有多少贡献！"孩子看后十分惭愧，幡然醒悟，决心珍惜时间，学习倍加勤奋。

"物"教

唐太宗临终前，为了教育他的子孙不要奢侈，要节俭，特地命令将他平日使用的牛角梳、草根刷等极简陋的用品，放在他的陵墓寝宫里，要子孙们记住永存俭德。

2. 世界巨富的教子秘笈

大多数白手起家的世界富豪在教育子女的金钱观、理财观方面都不吝惜时间与精力……

李嘉诚：让儿子当球童

靠白手打拼起家的李嘉诚很早就开始关注对孩子的培养，据说，在儿子李泽钜、李泽楷还只有八九岁时，李嘉诚就专设小椅子，让两个儿子列席公司董事会。次子李泽楷的零用钱，都是自己在课余兼职，通过当杂工、侍应生挣来的。每逢星期日，他都到高尔夫球场去做球童打工，背着大皮袋跑来跑去，通过自己的劳动，领取一份收入。李泽楷将打工所得，除了用作自己日常的零花钱之外，有时还资助生活困难的同学。李嘉诚知道后十分高兴，他对妻子说："孩子这样发展下去，将来准有出息。"

王永庆：节俭出名的父亲

他供给学费、生活费都算得很精准，就像管理手下企业般，总是给得"刚刚好"，不让他们有一丝享受奢侈的机会，此外，和儿女联络都是写信，从不打电话，"因为觉得打电话太贵了"。王永庆的女儿王雪红说：父亲写信多半写他自己的工作心得，告诉她公司发生了什么事，他如何处理等，父亲特别强调凡事要"追根究底"，会告诉她公司发生了什么事，他如何追根究底。

盛田昭夫：只有"纯真"并不够

许多父母怕孩子染上贪钱的恶习，就不让孩子沾上金钱的边。在充满竞争和风险的社会中，如此"纯真"很容易被淘汰。已去世的索尼公司创始人盛田昭夫,刚懂事时其父就告诉他:你是家中的长子,未来的米酒商。盛田昭夫从小就被当作家产继承人来培养,逐渐变得精明能干,学会了精打细算,后来终成大器。

沃森:规划自己的"钱"程

理财要做到心中有数,要规划自己的理财目标、计划等。IBM 前董事长沃森就要求他的儿子从上初中时起做每周的零花钱支出计划,每月的收支目标,使儿子很小就树立了商业意识,最后也成了 IBM 公司的首席执行官,良好的理财习惯创造了其灿烂的一生。

摩根:能省不如会赚

摩根财团的创始人约翰·皮尔庞特·摩根当年靠卖鸡蛋和开杂货店起家,发家后对子女要求严格,规定孩子每月的零花钱都必须通过干家务活来获得,几个孩子于是都抢着干。最小的孩子托马斯因年龄小抢不到活干,于是每天买零食的钱都没有,非常节省,老摩根知道后对托马斯说:"你用不着在用钱方面节省,而应该想着怎么才能多干活多挣些钱。"这句话提醒了托马斯,于是,他想了很多干活的点子,广开财源,零花钱渐渐多了起来,他最后明白了,理财中开源比节约更重要。

洛克菲勒:奖励比惩罚更有效

洛克菲勒共有 5 个儿女,家庭财力远非普通人家可比,但他对儿女的日常零用钱却十分"吝啬",规定儿女们的零用钱因年龄而异:七八岁时每周 3 角,十一二岁时每周 1 元,12 岁以上者每周 2 元,每周发放一次。他还给每个孩子发一个小账本,要他们记清每笔支出的用途,领钱时交他审查。钱账清楚、用途正当的,下周还可递增 5 分,反之则递减。同时,孩子们能做家务事还可得到报酬,补贴各自的零用。例如,捉到 100 只苍蝇能得 1 角,逮住一只耗子得 5 分,背菜、垛柴、拔草又能得到若干奖励。后来当副总统的二儿子纳尔逊和兴办新工业的三儿子劳伦斯,还主动要求合伙承包全家人擦鞋,皮鞋每双 5 分,长筒靴 1 角。当他们十一二岁的时候还合伙养兔子卖给医学研究所。

卡内基：金钱不能换来感情

在家庭理财中切忌将钱摆在超越一切的第一位，这样会伤害夫妻、父母与子女的感情。美国"钢铁大王"卡内基就曾对他的孩子说："金钱不能换来感情。"他说："如果我特别大方，给你们很多钱，那你们可能只记得我的钱，记不住我这个人。如果我特别抠门，可能也得不到你们对我的感情，所以我宁愿多花些时间关心你们，培养人与人之间的感情。因为在关爱面前，金钱就显得无能为力了。你们应该牢记最能打动商人心的不仅是价格，还有情感。"

波音：旧的不去新的不来

很多人敝帚自珍，以为这样节约能省钱，美国波音公司创始人波音却对他的子女说："旧的不去新的不来，如果你有买新东西的欲望，你就有拼命工作的动力，扔掉旧东西反而能刺激人更多地创造财富。"的确，家庭理财中一味节省，舍不得丢弃没有多少利用价值的旧物，占用时间收拾整理，倒不如用来努力挣新的。

3. 名人教子中的"另类惩罚"

教育子女的过程中，当孩子做错了事，必要的"惩罚"还是应该有的。但是这种"惩罚"，并不是在孩子出错时对他进行痛打和责骂，而是通过种种孩子力所能及、立竿见影的方式促使他们自我反省，让他们的心灵经受洗礼。下面让我们一起来看看几位名人父母的教子故事，或许他们那些看起来有点"另类"的惩罚方式,能给我们一些有益的启示。

马克·吐温的"自行选择惩罚"

美国批判现实主义文学的奠基人、世界著名短篇小说大师马克·吐温,是一个很特别的作家,也是一个很特别的父亲,在生活中有着不广为人知的另一面。

马克·吐温一共有三个女儿。和世界上千千万万的父亲一样,他也是一位非常慈爱的父亲。对待女儿,他始终跟她们保持着一种平等、民主和相互尊重的关系,家里每天充满了温馨和快乐,洋溢着和睦融洽的气氛。马克·吐温从来不以长辈的身份和口吻训斥孩子,即便女儿有时犯了错,他的惩罚方式也非常独特、新鲜,同时也非常奏效。

那是一个阳光明媚的春天。清晨,马克·吐温夫妇打算带着孩子们一起到附近农庄去旅行。一家人坐在堆满干草的四轮马车上,愉快地向郊外驶去,一路欣赏着沿途美丽的田园风光,简直令人心旷神怡!那是孩子们期盼很久的事了。

可是,马车上却少了一个人的身影——马克·吐温12岁的大女儿苏茜。这是为什么呢?

原来,就在全家人临出发前,不知为什么,大女儿苏茜忽然动手把妹妹克拉拉打哭了。事后,苏茜主动向母亲承认错误并请求原谅,但是,按照马克·吐温制定的家规,苏茜必须受到应有的惩罚。至于具体采取什么方式,还要由女儿自己提出来,经母亲同意后,就可以施行了。苏茜犹豫了老半天,最后,她终于下定决心对母亲说:"今天,我留在家里,不坐马车一起去旅行了。这样的话,或许能让我永远记住自己的这次过失!"

作为父亲,马克·吐温非常理解女儿自己决定的受罚方式,究竟会对她产生多大的作用。他后来在晚年回忆这件事时说:"当时,并不是我让苏茜那么做的。可是一想到可怜的苏茜因此失去了和全家人一起坐车出游的机会,至今仍让我感到痛苦——在26年后的今天!"

正是在这样一个特别的父亲的呵护下,在这样一个温馨、民主的家庭生活环境里,马克·吐温的女儿们幸福地长大了。

罗斯福的"沉默惩罚"

罗斯福是美国历史上最杰出的总统之一,也是唯一连任四届的美国总统。他不但治国有道,而且教子有方。"对儿子,我不是总统,是父亲!"罗斯福的这句话曾对美国人产生过不小的震撼,这也更体现了他一贯遵循的教子原则。

罗斯福的大儿子叫詹姆斯,在詹姆斯小的时候,罗斯福就在儿子身上倾注了大量的心血。在家里工作的时候,罗斯福特意选择了一个窗户面向院子里花园的房间,这样一来,他就可以随时看到儿子在干些什么。有时候,他会为无忧无虑玩耍的孩子感到高兴,有时还被他天真的样子逗得哈哈大笑,不过更重要的一点是,他可以观察到孩子们的心灵和品质。在罗斯福看来,这是孩子成长中最重要的一个环节。

与很多孩子一样,詹姆斯也曾有过爱撒谎的毛病。詹姆斯6岁的时候,有一天,罗斯福夫人的姐姐——玛莉姨妈一家来家里做客,小詹姆斯顿时兴奋异常,因为姨妈家两个表兄弟年纪与他相仿,詹姆斯非常喜欢和他们在一起玩耍。孩子们见面后,就大嚷大叫地玩开了,在房间里跑来跑去,十分开心。结果在厨房里,詹姆斯一不小心,忽然一下子撞在了餐桌上,桌子上一只精美的高脚玻璃酒杯"砰"的一声落在地上!摔碎了——那是玛莉姨妈送给妹妹的生日礼物。罗斯福夫人和玛莉姨妈听到声音,急忙赶了过来,问是谁打碎的。姨妈的两个孩子齐声说:"不是我。"小詹姆斯迟疑了一下,也跟着喊:"不是我!"

听完了夫人的描述,罗斯福一下子就猜到了事情的真相,但是他当着众人的面,并没有揭穿儿子。就连玛莉姨妈一家走了之后,他也没有表现出生气的样子,而是一句话也没有说。他想等待儿子自己主动说出真相，认识到自己的错误。

父亲这种"沉默的惩罚"，使小詹姆斯受尽了"折磨"。但罗斯福依然沉默着，并不时通过妻子暗示儿子，撒谎的人是连父母都不会信任他的。就这样，他一直耐心地等待着，同时在暗地里观察，结果发现，儿子玩游戏时不再像从前那样无忧无虑，不再爱说爱笑，心里显得非常不安。

终于有一天，詹姆斯默默来到父亲面前，眼泪汪汪地向他承认了自己的过错，并用乞求的口气说："父亲，我知道自己错了。您会原谅我吗？您还会爱我吗？"罗斯福终于笑了，他高兴地说："亲爱的孩子，我就等着这一刻呢！知道自己错了，勇敢地去面对它，以后才不会再犯。爸爸怎么会不原谅你呢？詹姆斯，爸爸和以前一样爱你！"

在罗斯福的教导下，詹姆斯和三个弟弟都在"二战"中浴血战火，建立了功业，战后又都成功跻身美国政坛。

格林女士的"孤独惩罚"

世界著名传媒大亨鲁伯特·默多克，1931年生于澳大利亚的墨尔本。这位世界巨富的母亲也是一位名人，她是澳大利亚历史上一位著名的优秀演员，名字叫伊丽莎白·格林。作为一位成功的母亲，格林女士性情果敢，对事十分有主见，从小对儿子既宠爱有加又严格要求，使得默多克一生受益无穷。

默多克是家里唯一的儿子，在父亲的溺爱下，他从小就养成了一种任性和娇气的坏毛病，母亲为此伤透了脑筋。后来，格林女士想出了一个办法——她让人专门为默多克在花园里盖了一间小木屋，在里面摆上一张床。每当默多克闯了祸、未能完成功课或者犯了其他什么过错的时候，他就不能和父母以及姐妹们一起在大房子里睡觉，必须一个人住在小屋里。就算在寒冷的冬天也不例外。

对孩子的这种"孤独惩罚"，父亲有些于心不忍。每次儿子犯错被惩罚的时候，他都三次两番地试图说服妻子，想让小默多克重新回到大屋里来睡觉。这时,格林女士就会对丈夫说:"我认为一个人在小屋里睡觉,对我们的儿子很有好处,这是对他的一个很好锻炼。他不仅仅是要适应那些木头,更重要的是,他还要适应黑暗与孤独,适应一个人独处,对一个男孩子来说,这样会让他变得更勇敢!"

事实上,那个花园里的小木屋是一个很"奇妙的地方"。夏天的时候,住在里面非常凉爽,还能时时看见萤火虫。到后来,默多克喜欢上了这里,就算没犯错误,也会经常到小木屋里住上几天。

4. 美国四大总统的教子秘诀

当今子女的教育问题正日益成为所有父母不得不正视的问题,就连那些政界要人们也不例外,毕竟,他们除了是政治家之外,同时也是父亲。孩子需要这样的父亲:自信、有属于自己的环境、能成为精神成长的楷模、生活健康。

中国有句老话:虎父无犬子,模范父亲对孩子的影响是很大的。在充满竞争和机遇的21世纪里,身为国家首脑的爸爸们各出妙法教育孩子。

奥巴马

1. 不准出现以下行为:抱怨、哭闹、争辩、纠缠和恶意嘲笑。

2. 自己的事情自己做,比如给自己冲麦片或倒牛奶,自己叠被子,自己上闹钟等等。

3. 如果干家务,每星期能从爸爸那里领得1美元零用钱。

4. 要求两个孩子安排充实课余生活:马莉娅跳舞、排戏、弹钢琴、打网球、玩橄榄球;萨莎练体操、弹钢琴、打网球、跳踢踏舞。

布什

过去,美国总统布什一直被舆论认为对女儿"管教无方"。在布什的鼓励、引导下,逐渐地,这对爱惹事的双胞胎也慢慢成熟和懂事了,并双双大学毕业。布什也不希望家族的沉重期望葬送掉两个女儿的幸福。

在总统大选时,他并没有强迫女儿们抛头露面,而在入住白宫之后,他也不要求女儿们经常在白宫出现。同时,他并不苛求女儿们控制自己的青春期叛逆行为。

克林顿

1. 克林顿疼爱女儿,但从不过分溺爱女儿。

2. 托人给在校上课的女儿带个留言条,告诫女儿好好学习。

3. 在生活方面,认为"没有规矩不成方圆"的道理,明确要求女儿自己打扫房间,并经常加以督促检查,女儿是否已经把房间的杂物收拾干净。

罗斯福

"对儿子,我不是总统,只是父亲。"罗斯福的这句话曾在美国人心中产生过不小的震撼,这也是他一贯遵循的教子原则。

罗斯福十分注重培养孩子的独立人格,甚至认为孩子在思想上也应该是独立的。他认为孩子们的事情应该学会自己解决,从不干预。罗斯福还竭力反对孩子依赖父母过寄生的生活。他从不给儿子任何资助,让他们凭着自己的能力去开辟事业,赚他们该赚的钱。但在钱财的支配上,他绝不让孩子放任自流。他把儿子全都送上了战场,并告诫说:"拿出良心来,为美国而战!"

5. 英国绅士的教子秘诀

电影《泰坦尼克号》快要沉的时候,把救生艇放下去了,可是救生艇相对船上的人不过是杯水车薪,上去的都是女士和孩子,男士没有一个上的。这就是绅士。

即使今天的英国,在家庭教育中,按照"绅士教育"传统来教育孩子,仍是一个特色。在英国的家庭里,绝对看不到对儿童的没有理由的娇宠,犯了错误的孩子会受到纠正甚至惩罚。家长们往往在尊重孩子独立人格的前提下,对孩子进行严格的管束,让他们明白,他们的行为不是没有边际的,不可以为所欲为。英国的法律明确规定了允许家长体罚孩子,至今许多学校仍保留着体罚学生的规矩。同时家庭中还有一些规矩:

1. 在一般的家庭当中,五岁以下的孩子都不准与大人们同桌吃饭,不允许挑吃挑穿,到了该做什么的时候一律按规矩办事,故意犯错误和欺负幼小,都将受到严厉的惩罚。

2. 不管是对什么人,孩子必须懂礼貌,说话客气,对父母兄弟姐妹也不例外。反之,孩子将受到父母的训斥,甚至身体的惩罚。

3. 英国的年轻父母很少将孩子抱在怀里,而是让他们随便地爬,随意地玩。当孩子不慎摔倒在地时,英国父母绝不会扶起他,而是让他自己站起来,从一点一滴的小事去训练孩子的独立能力,使他们明白,他们每一个人都不能依靠父母去生活,而完全要靠自己。

4. 在英国的家庭里,人们会有意识地"创造"一些艰苦的环境,让孩子在其中遭受些人为的艰难,以磨炼他们的意志,校方故意将伙食弄得很差,又缺少取暖设备。学校要求每个学生必须在恶劣的天气里穿短裤出现在操场上、课堂上,坚持冷水浴,不准盖过暖的被子,冬天也要开窗就寝。这样做是为了除去孩子的娇气,养成坚强的意志,提高其身体和精神素质。

6. 犹太人的教子秘诀

爱书,尊师,惜时,坚忍,这就是犹太人教子的秘诀,也是这个伟大民族的魂之根本。

爱书

古代犹太人将书看得破旧得不能再看了,就挖个坑庄重地将书埋葬,这时候他们的孩子总是要参与其中的。他们对孩子说:"书是人生命的东西。"

在每一个犹太人家里,当小孩稍微懂事时,母亲就会翻开《圣经》,滴一点蜂蜜在上面,然后叫小孩去舔书上的蜂蜜。这种仪式的用意不言而喻:书本是甜的。

传说古时候,犹太人的墓园常常放有书本,他们相信死者在夜深人静时会走出来看书。尽管这种传说具有某些迷信意味,但其象征意义却对现实的人很有教育意义:即生命有结束的时刻,求知却永无止境。

犹太人从不焚烧书籍,即使是一本攻击犹太人的书。在人均拥有图书馆、出版社及每年人均读书的比例上,犹太人(以色列人)超过了世界上任何一个国家,堪为世界之最。犹太家庭还有一个世代相传的说法,那就是书柜要放在床头,要是放在床尾,会被认为是对书的不敬,进而遭到大众的唾弃。

尊师

犹太人称山为"哈里姆",称双亲为"赫里姆",称教师为"奥里姆",这三个词是同源的,在他们那里,教师与大山、父母是同样的。

惜时

世界上多数民族都将早晨作为一天的开始,公历的一天开始于午夜,而犹太人的一天则是从太阳落山时开始的。当孩子问为什么时,他们说:"将黑暗作为开始的人,他的最后就是光明;而将光明作为开头,最后则是黑暗。"以此教育孩子先吃苦,后享受。

当孩子问现在是几点钟时,他们总是说:"现在是 10 点 21 分 35 秒。"从不说快 10 点半了、10 点多钟。正是因为这样,犹太人的时间观念极强,他们对数字也是非常敏感与精确的。

坚忍

犹太人说:"有十个烦恼比仅有一个烦恼要好得多,只有一个烦恼时,痛苦一定是深刻的,而有了十个,就不一样了。没有一个自杀者是因为有了十个烦恼,全是为一个烦恼而死的。"所以犹太人虽然苦难多多,但他们并不惧怕。

多数民族将胜利、喜庆作为节日,可是犹太人最盛大的节日"逾越节",却是纪念祖先在埃及当奴隶时的苦日子。这天他们给孩子吃一种很难吃的没发酵的面包和很苦的叶子,然后讲祖先在埃及受屈辱的故事。

每一个犹太家庭的孩子,几乎都要猜开一个谜团:"假如有一天,你的房子被烧毁,你的财产被抢光,你将带着什么东西逃命呢?"如果孩子回答说是钱或者钻石,母亲将进一步问:"一种没有形状、没有颜色、没有气味的宝贝,你知道是什么吗?"当孩子无法回答时,母亲就会说:"孩子,你要带走的不是钱,也不是钻石,而是智慧。因为智慧是任何人都抢不走的,你只要活着,智慧就会伴随你的一生。"